OEUVRES
COMPLETES
D'HELVÉTIUS.

TOME TROISIEME.

A PARIS,

DE L'IMPRIMERIE DE P. DIDOT L'AÎNÉ.

L'AN IIIe DE LA RÉPUBLIQUE.

1795.

OEUVRES
COMPLETES
D'HELVÉTIUS.

TOME TROISIEME.

DE L'ESPRIT.

SUITE DU DISCOURS II.

De l'Esprit par rapport à la Société.

CHAPITRE XIX.

L'estime pour les différents genres d'esprit est, dans chaque siecle, proportionnée à l'intérêt qu'on a de les estimer.

Pour faire sentir l'extrême justesse de cette proposition, prenons d'abord les romans pour exemple. Depuis les Amadis jusqu'aux romans de nos jours, ce genre a successivement éprouvé mille changements. En veut-on savoir la cause ? qu'on se demande pourquoi les romans les plus estimés il y a trois cents ans nous paroissent aujourd'hui ennuyeux ou ridicules, et l'on appercevra que le principal mérite de la plupart de ces ouvrages dépend de l'exactitude avec laquelle on y peint les vices, les vertus, les passions, les usages et les ridicules d'une nation.

Or les mœurs d'une nation changent souvent d'un siecle à l'autre; ce changement doit donc en occasionner dans le genre de ses romans et de son goût; une nation est donc, par l'intérêt de son amusement, presque toujours forcée de mépriser dans un siecle ce qu'elle admiroit dans le siecle précédent (1). Ce que je dis des romans

(1) Ce n'est pas que ces anciens romans

peut s'appliquer à presque tous les ouvrages; mais, pour faire plus for-

ne soient encore agréables à quelques philosophes, qui les regardent comme la vraie histoire des mœurs d'un peuple considéré dans un certain siecle et une certaine forme de gouvernement. Ces philosophes, convaincus qu'il y auroit une très grande différence entre deux romans, l'un écrit par un Sybarite, et l'autre par un Crotoniate, aiment à juger le caractere et l'esprit d'une nation par le genre de roman qui la séduit. Ces sortes de jugements sont d'ordinaire assez justes; un politique habile pourroit avec ce secours assez précisément déterminer les entreprises qu'il est prudent ou téméraire de tenter contre un peuple : mais le commun des hommes, qui lit les romans moins pour s'instruire que pour s'amuser, ne les considere pas sous ce point de vue, et ne peut en conséquence en porter le même jugement.

tement sentir cette vérité, peut-être faut-il comparer l'esprit des siecles d'ignorance à l'esprit de notre siecle. Arrêtons-nous un moment à cet examen.

Comme les ecclésiastiques étoient alors les seuls qui sussent écrire, je ne peux tirer mes exemples que de leurs ouvrages et de leurs sermons. Qui les lira n'appercevra pas moins de différence entre ceux de Menot (1)

(1) Dans un des sermons de ce Menot il s'agit de la promesse du Messie. « Dieu, « dit-il, avoit, de toute éternité, déter- « miné l'incarnation et le salut du genre « humain; mais il vouloit que de grands « personnages, tels que les saints peres, « le demandassent. Adam, Enos, Enoch, « Mathusalem, Lamech, Noé, après l'a- « voir inutilement sollicité, s'aviserent « de lui envoyer des ambassadeurs. Le « premier fut Moïse; le second, David;

et ceux du P. Bourdaloue, qu'entre *le Chevalier du Soleil* et *la Princesse*

« le troisieme, Isaïe; et le dernier, l'Eglise.
« Ces ambassadeurs n'ayant pas mieux
« réussi que les patriarches eux-mêmes,
« ils crurent devoir députer des femmes.
« Madame Eve se présenta la premiere,
« à laquelle Dieu fit cette réponse : *Eve,*
« *tu as péché, tu n'es pas digne de*
« *mon fils.* Ensuite madame Sara, qui
« dit, *O Dieu! aide nous.* Dieu lui dit,
« *Tu t'en es rendue indigne par l'in-*
« *crédulité que tu marquas lorsque*
« *je t'assurai que tu serois mere*
« *d'Isaac.* La troisieme fut madame Ré-
« becca : Dieu lui dit, *Tu as fait, en fa-*
« *veur de Jacob, trop de tort à Esaü.*
« La quatrieme, madame Judith, à qui
« Dieu dit, *Tu as assassiné.* La cin-
« quieme, madame Esther, à qui il dit,
« *Tu as été trop coquette; tu perdois*
« *trop de temps à t'attifer pour plaire*
« *à Assuérus.* Enfin fut envoyée la cham-

de Cleves. Nos mœurs ayant changé, nos lumieres s'étant augmentées, l'on

« briere, de l'âge de quatorze ans, la-
« quelle, tenant la vue basse, et toute
« honteuse, s'agenouilla, puis vint à dire,
« *Que mon bien-aimé vienne dans*
« *mon jardin, afin qu'il y mange du*
« *fruit de ses pommes*; et le jardin
« étoit le ventre virginal. Or, le fils ayant
« ouï ces paroles, il dit à son pere: *Mon*
« *pere, j'ai aimé celle-ci dès ma jeu-*
« *nesse, et je veux l'avoir pour mere.*
« A l'instant Dieu appelle Gabriel, et lui
« dit, *O Gabriel, va-t'en vîte en Na-*
« *zareth, à Marie, et lui présente de*
« *ma part ces lettres*. Et le fils y ajouta:
« *Dis-lui, de la mienne, que je la choi-*
« *sis pour ma mere. Assure-la,* dit en-
« suite le Saint-Esprit, *que j'habiterai*
« *en elle, qu'elle sera mon temple,*
« *et remets-lui ces lettres de ma part*».
Tous les autres sermons de ce Menot sont
à-peu-près dans le même goût.

se moqueroit aujourd'hui de ce qu'on admiroit autrefois. Qui ne riroit point du sermon d'un prédicateur de Bourdeaux qui, pour prouver toute la reconnoissance des trépassés pour quiconque fait prier Dieu pour eux, et donne en conséquence de l'argent aux moines, débitoit gravement en chaire « qu'au seul son de l'argent qui tombe « dans le tronc ou le bassin ; et qui « fait *tin*, *tin*, *tin*, toutes les ames « du purgatoire se prennent tellement « à rire, qu'elles font *ha*, *ha*, *ha*, « *hi*, *hi*, *hi* (1) ?

(1) Dans ces temps l'ignorance étoit telle, qu'un curé ayant un procès avec ses paroissiens, pour savoir aux frais de qui l'on paveroit l'église ; ce curé, lorsque le juge étoit prêt à le condamner, s'avisa de citer ce passage de Jérémie : *Paveant illi, et ego non paveam*. Le juge ne sut que répondre à la citation ; il ordonna que

Dans la simplicité des siecles d'ignorance, les objets se présentent sous un aspect très différent de celui sous lequel on les considere dans les siecles éclairés. Les tragédies de la passion, édifiantes pour nos ancêtres, nous paroîtroient à présent scandaleuses. Il en seroit de même de presque toutes les questions subtiles qu'on agitoit alors dans les écoles de théologie. Rien ne paroîtroit aujourd'hui plus indécent que des disputes en regle

l'église seroit pavée aux dépens des paroissiens.

Il y eut un temps dans l'Eglise où la science et l'art d'écrire furent regardés comme des choses mondaines, indignes d'un chrétien. On dit même à ce sujet que les anges fouetterent S. Jérôme, pour avoir voulu imiter le style de Cicéron. L'abbé Cartaut prétend que c'est pour l'avoir mal imité.

pour savoir si Dieu est habillé ou nud dans l'hostie; si Dieu est tout-puissant, s'il a le pouvoir de pécher; si Dieu pouvoit prendre la nature de la femme, du diable, de l'âne, du rocher, de la citrouille, et mille autres questions encore plus extravagantes (1).

Tout, jusqu'aux miracles, portoit, dans ce temps d'ignorance, l'empreinte du mauvais goût du siecle (2).

(1) *Utrum Deus potuerit suppositare mulierem, vel diabolum, vel asinum, vel silicem, vel cucurbitam; et, si suppositasset cucurbitam, quemadmodum fuerit concionatura, editura miracula, et quonam modo fuisset fixa cruci.* Apolog. P. Horodot. tom. III, p. 127.

(2) Quelque chose qu'on dise en faveur des siecles d'ignorance, on ne fera jamais accroire qu'ils aient été favorables à la

Entre plusieurs de ces prétendus religion; ils ne l'ont été qu'à la superstition. Aussi rien de plus ridicule que les déclamations qu'on fait, ou contre les philosophes, ou contre les académies de province. Ceux qui les composent, dit-on, ne peuvent éclairer la terre; ils feroient mieux de la cultiver. De pareils hommes, répliquera-t-on, ne sont pas d'état à labourer la terre. D'ailleurs, vouloir, pour l'intérêt de l'agriculture, les enregistrer dans le rôle des laboureurs, lorsqu'on entretient tant de mendiants, de soldats, d'artisans de luxe, et de domestiques, c'est vouloir rétablir les finances d'un état par des ménages de bouts de chandelles. J'ajouterai même qu'en supposant que ces académies de province ne fissent que peu de découvertes, on peut du moins les considérer comme les canaux par lesquels les connoissances de la capitale se communiquent aux provinces: or rien de plus utile que d'éclairer les hommes. Les lumieres philosophiques,

miracles rapportés dans les *Mémoires* dit M. l'abbé de Fleury, ne peuvent jamais nuire. Ce n'est qu'en perfectionnant la raison humaine, ajoute M. Hume, que les nations peuvent se flatter de perfectionner leur gouvernement, leurs lois et leur police. L'esprit est comme le feu; il agit en tous sens. Il y a peu de grands politiques et de grands capitaines dans un pays où il n'y a pas d'hommes illustres dans les sciences et les lettres. Comment se persuader qu'un peuple qui ne sait ni l'art d'écrire ni celui de raisonner puisse se donner de bonnes lois, et s'affranchir du joug de cette superstition qui désole les siecles d'ignorance? Solon, Lycurgue, et ce Pythagore qui forma tant de législateurs, prouvent combien les progrès de la raison peuvent contribuer au bonheur public. On doit donc regarder ces académies de province comme très utiles. Je dirai de plus que, si l'on considere les savants simplement comme des commerçants, et si l'on compare les cent mille

de *l'Académie des Inscriptions et Belles-Lettres* (1), j'en choisis un opéré en faveur d'un moine. « Ce
« moine revenoit d'une maison dans
« laquelle il s'introduisoit toutes les
« nuits. Il avoit à son retour une ri-
« viere à traverser ; Satan renversa
« le bateau, et le moine fut noyé
« comme il commençoit l'invitatoire
« des matines de la Vierge. Deux
« diables se saisissent de son ame,
« et sont arrêtés par deux anges, qui
« la réclament en qualité de chré-
« tienne. Seigneurs anges, disent les

livres que le roi distribue aux académies et aux gens de lettres avec le produit de la vente de nos livres à l'étranger, on peut assurer que cette-espece de commerce a rapporté plus de mille pour cent à l'état.

(1) *Histoire de l'Académie des Inscriptions et Belles-Lettres*, tome XVIII.

« diables, il est vrai que Dieu est
« mort pour ses amis, et ce n'est
« pas une fable; mais celui-ci étoit
« du nombre des ennemis de Dieu :
« et, puisque nous l'avons trouvé
« dans l'ordure du péché, nous al-
« lons le jeter dans le bourbier de
« l'enfer ; nous serons bien récom-
« pensés de nos prevôts. Après bien
« des contestations, les anges pro-
« posent de porter le différend au
« tribunal de la Vierge. Les diables
« répondent qu'ils prendront volon-
« tiers Dieu pour juge, parcequ'il
« jugeoit selon les lois : mais pour la
« Vierge, disent-ils, nous n'en pou-
« vons espérer de justice ; elle bri-
« seroit toutes les portes de l'enfer
« plutôt que d'y laisser un seul jour
« celui qui de son vivant a fait quel-
« ques révérences à son image. Dieu
« ne la contredit en rien; elle peut

« dire que la pie est noire, et que
« l'eau trouble est claire; il lui ac-
« corde tout : nous ne savons plus
« où nous en sommes; d'un ambesas
« elle fait un terne, d'un double-deux
« un quine; elle a le dé et la chance:
« le jour que Dieu en fit sa mere fut
« bien fatal pour nous. »

On seroit sans doute peu édifié d'un tel miracle, et l'on riroit pareillement de cet autre miracle, tiré des *Lettres édifiantes et curieuses sur la visite de l'évêque d'Halicarnasse*, et qui m'a paru trop plaisant pour résister au desir de le placer ici.

Pour prouver l'excellence du baptême, l'auteur raconte « qu'autre-
« fois, dans le royaume d'Arménie,
« il y eut un roi qui avoit beaucoup
« de haine contre les chrétiens; c'est
« pourquoi il persécuta la religion
« d'une maniere bien cruelle. Il mé-

« ritoit bien que Dieu l'eût alors puni :
« cependant Dieu, infiniment bon,
« qui ouvrit le cœur à S. Paul pour
« le convertir lorsqu'il persécutoit
« les fideles, ouvrit aussi le cœur à
« ce roi pour qu'il connût la sainte
« religion. Aussi arriva-t-il que le roi,
« tenant son conseil dans le palais
« avec les mandarins pour délibérer
« sur les moyens d'abolir entière-
« ment la religion chrétienne dans le
« royaume, le roi et les mandarins
« furent aussitôt changés en cochons.
« Tout le monde accourut aux cris
« de ces cochons, sans savoir quelle
« pouvoit être la cause d'une chose
« aussi extraordinaire. Alors il y eut
« un chrétien, nommé Grégoire, qui
« avoit été mis à la question le jour
« de devant, qui accourut au bruit,
« et qui reprocha au roi sa cruauté
« envers la religion. Au discours que

« fit Grégoire, les cochons s'arrête-
« rent; et s'étant tus, ils leverent le
« muséau en haut pour écouter Gré-
« goire, lequel interrogea tous les
« cochons en ces termes : Désormais
« êtes-vous résolus de vous corriger?
« A cette demande, tous les cochons
« firent un coup de tête, et crierent
« *ouen*, *ouen*, *ouen*, comme s'ils
« avoient dit *oui*. Grégoire reprit
« ainsi la parole: Si vous êtes résolus
« de vous corriger, si vous vous re-
« pentez de vos péchés, et que vous
« veuilliez être baptisés pour obser-
« ver la religion parfaitement, le Sei-
« gneur vous regardera dans sa mi-
« séricorde ; sinon vous serez mal-
« heureux dans ce monde et dans
« l'autre. Tous les cochons frappe-
« rent de la tête, firent la révérence, et
« crierent *ouen*, *ouen*, *ouen*, comme
« s'ils avoient voulu dire qu'ils le

« desiroient ainsi. Grégoire, voyant
« les cochons humble sde cette sorte,
« prit de l'eau bénite, e tbaptisa tous
« les cochons : et il arriva sur-le-
« champ un grand miracle; car, à
« mesure qu'il baptisoit chaque co-
« chon, aussitôt il se changeoit en
« une personne plus belle qu'au-
« paravant. »

Ces miracles, ces sermons, ces tragédies, et ces questions théologiques, qui maintenant nous paroitroient si ridicules, étoient et devoient être admirés dans les siecles d'ignorance, parcequ'ils étoient proportionnés à l'esprit du temps, et que les hommes admireront toujours des idées analogues aux leurs. La grossiere imbécillité de la plupart d'entre eux ne leur permettoit pas de connoître la sainteté et la grandeur de la religion. Dans presque toutes les têtes, la reli-

gion n'étoit, pour ainsi dire, qu'une superstition et qu'une idolâtrie. A l'avantage de la philosophie, on peut dire que nous en avons des idées plus relevées. Quelque injuste qu'on soit envers les sciences, quelque corruption qu'on les accuse d'introduire dans les mœurs, il est certain que celles de notre clergé sont maintenant aussi pures qu'elles étoient alors dépravées, du moins si l'on consulte et l'histoire et les anciens prédicateurs. Maillard et Menot, les plus célebres d'entre eux, ont toujours ce mot à la bouche : *Sacerdotes, religiosi, concubinarii.* « Damnés, infâmes, s'écrie
« Maillard, dont les noms sont in-
« scrits dans les registres du diable;
« larrons, voleurs, comme dit S. Ber-
« nard, pensez-vous que les fonda-
« teurs de vos bénéfices vous les aient
« donnés pour ne faire autre chose

« que de vivre à pot et à cuiller avec
« des filles, et jouer au glic? Et vous,
« messieurs les gros abbés, avec vos
« bénéfices, qui nourrissez chevaux,
« chiens et filles, demandez à S. Etien-
« ne s'il a eu paradis pour mener une
« telle vie, faisant grande chere,
« étant toujours parmi les festins et
« banquets, et donnant les biens de
« l'église et du crucifix aux filles de
« joie (1). »

(1) Ce Maillard, qui déclamoit de cette maniere contre le clergé, n'étoit pas lui-même exempt des vices qu'il reprochoit à ses confreres. On l'appeloit le *docteur gomorrhéen*. On avoit fait contre lui cette épigramme, qui me paroît assez bien tournée pour le temps:

Nostre maistre Maillard tout par-tout met le nez,
Tantost va chez le roy, tantost va chez la royne;
Il fait tout, il sçait tout, et à rien n'est idoine;
Il est grand orateur, poëte des mieux nés,
Juge si bon qu'au feu mille en a condamnés,

Je ne m'arrêterai pas davantage à considérer ces siecles grossiers, où tous les hommes, superstitieux et braves, ne s'amusoient que des contes des moines, et des hauts faits de la chevalerie. L'ignorance et la simplicité sont toujours monotones. Avant le renouvellement de la philosophie, les auteurs, quoique nés dans des siecles différents, écrivoient tous sur le même ton. Ce qu'on appelle le goût suppose connoissance. Il n'est point de goût, ni par conséquent de révolutions de goût, chez des peuples en-

---

Sophiste aussy aigu que les fesses d'un moine.
Mais il est si meschant, pour n'estre que chanoine,
Qu'auprès de luy sont saincts le diable et les damnés.
Si se fourrer par-tout à gloire il le répute,
Pourquoy dedans Poissy n'est-il à la dispute?
Il dit qu'à grand regret il en est éloigné;
Car Beze il eust vaincu, tant il est habile homme.
Pourquoy donc n'y est-il? Il est embesoigné
Après les fondements pour rebastir Sodome.

core barbares; ce n'est du moins que, dans les siecles éclairés qu'elles sont remarquables. Or ces sortes de révolutions y sont toujours précédées de quelque changement dans la forme du gouvernement, dans les mœurs, les lois et la position d'un peuple. Il est donc une dépendance secrètement établie entre le goût d'une nation et ses intérêts.

Pour éclaircir ce principe par quelques applications, qu'on se demande pourquoi la peinture tragique des vengeances les plus mémorables, telles que celles des Atrides, n'allumeroit plus en nous les mêmes transports qu'elle excitoit autrefois chez les Grecs; et l'on verra que cette différence d'impression tient à la différence de notre religion, de notre police, avec la police et la religion des Grecs.

Les anciens élevoient des temples à la vengeance : cette passion, mise aujourd'hui au nombre des vices, étoit alors comptée parmi les vertus. La police ancienne favorisoit ce culte. Dans un siecle trop guerrier pour n'être pas un peu féroce, l'unique moyen d'enchaîner la colere, la fureur et la trahison, étoit d'attacher le déshonneur à l'oubli de l'injure, de placer toujours le tableau de la vengeance à côté du tableau de l'affront : c'est ainsi qu'on entretenoit dans le cœur des citoyens une crainte respective et salutaire qui suppléoit au défaut de police. La peinture de cette passion étoit donc trop analogue au besoin, au préjugé des peuples anciens, pour n'y être pas considérée avec plaisir.

Mais, dans le siecle où nous vivons, dans un temps où la police est à cet égard fort perfectionnée, où d'ailleurs nous ne sommes plus asservis aux mêmes préjugés, il est évident qu'en consultant pareillement notre intérêt nous ne devons voir qu'avec indifférence la peinture d'une passion qui, loin de maintenir la paix et l'harmonie dans la société, n'y occasionneroit que des désordres et des cruautés inutiles. Pourquoi des tragédies pleines de ces sentiments mâles et courageux qu'inspire l'amour de la patrie ne feroient-elles plus sur nous que des impressions légeres ? C'est qu'il est très rare que les peuples allient une certaine espece de courage et de vertu avec l'extrême soumission ; c'est que les Romains devinrent bas et vils sitôt qu'ils eurent un maître; et qu'enfin, comme dit Homere,

L'affreux instant qui met un homme libre aux fers
Lui ravit la moitié de sa vertu premiere.

D'où je conclus que les siecles de liberté, dans lesquels s'engendrent les grands hommes et les grandes passions, sont aussi les seuls où les peuples soient vraiment admirateurs des sentiments nobles et courageux.

Pourquoi le genre de Corneille, maintenant moins goûté, l'étoit-il davantage du vivant de cet illustre poëte ? C'est qu'on sortoit alors de la ligue, de la fronde, de ces temps de troubles où les esprits, encore échauffés du feu de la sédition, sont plus audacieux, plus estimateurs des sentiments hardis, et plus susceptibles d'ambition ; c'est que les caracteres que Corneille donne à ses héros, les projets qu'il fait concevoir à ces ambitieux, étoient par conséquent plus analogues à l'esprit du siecle qu'ils ne le seroient maintenant, qu'on rencontre peu de héros (1), de citoyens

(1) Les guerres civiles sont un mal;

et d'ambitieux, qu'un calme heureux a succédé à tant d'orages, et que les volcans de la sédition sont éteints de toutes parts.

Comment un artisan habitué à gémir sous le faix de l'indigence et du mépris, un homme riche, et même un grand seigneur, accoutumé à ramper devant un homme en place, à le regarder avec le saint respect que l'Égyptien a pour ses dieux, et le Negre pour son fétiche, seroient-ils fortement frappés de ces vers où Corneille dit,

Pour être plus qu'un roi, tu te crois quelque chose?

De pareils sentiments doivent leur paroître fous et gigantesques; ils n'en pourroient admirer l'élévation sans avoir souvent à rougir de la bassesse

heur auquel on doit souvent de grands hommes.

des leurs : c'est pourquoi, si l'on en excepte un petit nombre d'esprits et de caracteres élevés qui conservent encore pour Corneille une estime raisonnée et sentie, les autres admirateurs de ce grand poëte l'estiment moins par sentiment que par préjugé et sur parole.

Tout changement arrivé dans le gouvernement ou dans les mœurs d'un peuple doit nécessairement amener des révolutions dans son goût. D'un siecle à l'autre, un peuple est différemment frappé des mêmes objets, selon la passion différente qui l'anime.

Il en est des sentiments des hommes comme de leurs idées. Si nous ne concevons dans les autres que les idées analogues aux nôtres, nous ne pouvons, dit Salluste, être affectés que des passions qui nous affectent nous-mêmes fortement (1).

Pour être touché de la peinture de quelque passion, il faut soi-même en avoir été le jouet.

Supposons que le berger Tircis et Catilina se rencontrent, et se fassent réciproquement confidence des sentimens d'amour et d'ambition qui les agitent; ils ne pourront certainement pas se communiquer l'impression différente qu'excitent en eux les différentes passions dont ils sont animés. Le premier ne conçoit point ce qu'a de si séduisant le pouvoir suprême; et le second, ce que la conquête d'une femme a de si flatteur. Or, pour faire aux différents genres tragiques l'application de ce principe, je dis qu'en

(1) Du récit d'une action héroïque le lecteur ne croit que ce qu'il est capable de faire lui-même ; il rejette le reste comme inventé.

tout pays où les habitants n'ont point de part au maniement des affaires publiques, où l'on cite rarement le mot de patrie et de citoyen, on ne plaît au public qu'en présentant sur le théâtre des passions convenables à des particuliers, telles, par exemple, que celle de l'amour. Ce n'est pas que tous les hommes y soient également sensibles : il est certain que des ames fieres et hardies, des ambitieux, des politiques, des avares, des vieillards, ou des gens chargés d'affaires, sont peu touchés de la peinture de cette passion ; et c'est précisément la raison pour laquelle les pieces de théâtre n'ont de succès pleins et entiers que dans les états républicains, où la haine des tyrans, l'amour de la patrie et de la liberté, sont, si je l'ose dire, des points de ralliement pour l'estime publique.

Dans tout autre gouvernement, les citoyens n'étant pas réunis par un intérêt commun, la diversité des intérêts personnels doit nécessairement s'opposer à l'universalité des applaudissements. Dans ces pays, on ne peut prétendre qu'à des succès plus ou moins étendus, en peignant des passions plus ou moins généralement intéressantes pour les particuliers. Or, parmi les passions de cette espece, nul doute que celle de l'amour, fondée en partie sur un besoin de la nature, ne soit la plus universellement sentie. Aussi préfere-t-on maintenant en France le genre de Racine à celui de Corneille, qui, dans un autre siecle, ou un pays différent, tel que l'Angleterre, auroit vraisemblablement la préférence.

C'est une certaine foiblesse de caractere, suite nécessaire du luxe et du changement arrivé dans nos mœurs, qui, nous privant de toute force et de toute élévation dans l'ame, nous fait déja préférer les comédies aux tragédies, qui ne sont plus maintenant que des comédies d'un style élevé, et dont l'action se passe dans les palais des rois.

C'est l'heureux accroissement de l'autorité souveraine qui, désarmant la sédition, avilissant la condition des bourgeois, a dû presque entièrement les bannir de la scene comique, où l'on ne voit plus que des gens du bon air et du grand monde, lesquels y tiennent réellement la place qu'occupoient les gens d'une condition commune, et sont proprement les bourgeois du siecle.

On voit donc qu'en des temps différents certains genres d'esprit font sur le public des impressions très différentes, mais toujours proportionnées à l'intérêt qu'il a de les estimer. Or cet intérêt public est quelquefois d'un siecle à l'autre assez différent de lui-même pour occasionner, comme je vais le prouver, la création ou l'anéantissement subit de certains genres d'idées et d'ouvrages ; tels sont tous les ouvrages de controverse, ouvrages maintenant aussi ignorés qu'ils étoient et devoient être autrefois connus et admirés.

En effet, dans un temps où les peuples, partagés sur leur croyance, étoient animés de l'esprit de fanatisme; où chaque secte, ardente à soutenir ses opinions, vouloit, armée de fer ou d'arguments, les annoncer, les prouver, les faire adopter à l'univers ; les controverses étoient, premièrement quant au choix du sujet, des ouvrages trop généralement intéressants pour n'être pas universellement estimés : d'ailleurs ces ouvrages devoient être faits, du moins de la part de certains hérétiques, avec toute l'adresse et l'esprit imaginables; car enfin, pour persuader des contes de *Peau d'âne* et de la *Barbe bleue*, comme sont quelques hérésies (1), il étoit impossible que les controversistes n'employassent dans leurs écrits toute la souplesse, la force et les ressources de la logique, que leurs ouvrages ne fussent des chefs-d'œuvre de subtilité, et peut-être en ce genre le dernier effort de l'esprit humain. Il est donc certain que, tant par l'importance de la matiere que par la maniere de la traiter, les controversistes devoient alors être regardés

(1) Voyez l'*Histoire des Hérésies*, par S. Epiphane.

comme les écrivains les plus estimables.

Mais, dans un siecle où l'esprit de fanatisme a presque entièrement disparu; où les peuples et les rois, instruits par les malheurs passés, ne s'occupent plus des disputes théologiques; où d'ailleurs les principes de la vraie religion s'affermissent de jour en jour; ces mêmes écrivains ne doivent plus faire la même impression sur les esprits. Aussi l'homme du monde ne liroit-il maintenant leurs écrits qu'avec le dégoût qu'il éprouveroit à la lecture d'une controverse péruvienne, dans laquelle on examineroit si Manco-Capac est ou n'est pas fils du Soleil.

Pour confirmer ce que je viens de dire par un fait passé sous nos yeux, qu'on se rappelle le fanatisme avec lequel on disputoit sur la prééminence des modernes sur les anciens.

Ce fanatisme fit alors la réputation de plusieurs dissertations médiocres composées sur ce sujet; et c'est l'indifférence avec laquelle on a considéré cette dispute qui depuis a laissé dans l'oubli les dissertations de l'illustre M. de la Motte et du savant abbé Terrasson; dissertations qui, regardées à juste titre comme des chefs-d'œuvre et des modeles en ce genre, ne sont cependant presque plus connues que des gens de lettres.

Ces exemples suffisent pour prouver que c'est à l'intérêt public, différemment modifié selon les différents siecles, qu'on doit attribuer la création et l'anéantissement de certains genres d'idées et d'ouvrages.

Il ne me reste plus qu'à montrer comment ce même intérêt public, malgré les changements journellement arrivés dans les mœurs, les passions et les goûts d'un peuple, peut cependant assurer à certains genres d'ouvrages l'estime constante de tous les siecles.

Pour cet effet il faut se rappeler que le genre d'esprit le plus estimé dans un siecle et dans un pays est souvent le plus méprisé dans un autre siecle et dans un autre pays; que l'esprit, par conséquent, n'est proprement que ce qu'on est convenu de nommer esprit. Or, parmi les conventions faites à ce sujet, les unes sont passageres, et les autres durables. On peut donc réduire à deux especes toutes les différentes sortes d'esprit: l'une, dont l'utilité momentanée est dépendante des changements survenus dans le commerce, le gouvernement, les passions, les occupations et les préjugés d'un peuple, n'est, pour ainsi dire, qu'un *esprit de mode* (1); l'autre, dont l'utilité éternelle, inaltérable, indépendante des mœurs et des gouvernements divers, tient à la nature même de l'homme, est par conséquent toujours invariable, et peut être regardée comme le vrai esprit, c'est-à-dire comme l'esprit le plus desirable.

Tous les genres d'esprit réduits ainsi à ces deux especes, je distinguerai en conséquence deux différentes sortes d'ouvrages.

(1) J'entends par ce mot tout ce qui n'appartient pas à la nature de l'homme et des choses : je comprends par conséquent sous ce même mot les ouvrages qui nous paroissent les plus durables; telles sont les fausses religions, qui, successivement remplacées les unes par les autres, doivent, relativement à l'étendue des siecles, être comptées parmi les ouvrages de mode.

Les uns sont faits pour avoir un succès brillant et rapide, les autres un succès étendu et durable. Un roman satyrique où l'on peindra, par exemple, d'une maniere vraie et maligne les ridicules des grands sera certainement couru de tous les gens d'une condition commune. La nature, qui grave dans tous les cœurs le sentiment d'une égalité primitive, a mis un germe éternel de haine entre les grands et les petits : ces derniers saisissent donc avec tout le plaisir et la sagacité possibles les traits les plus fins des tableaux ridicules où ces grands paroissent indignes de leur supériorité. De tels ouvrages doivent donc avoir un succès rapide et brillant, mais peu étendu et peu durable : peu étendu, parcequ'il a nécessairement pour limites les pays où ces ridicules prennent naissance ; peu durable, parceque la mode, en remplaçant continuellement un ancien ridicule par un nouveau, efface bientôt du souvenir des hommes les ridicules anciens, et les auteurs qui les ont peints; parcequ'enfin, ennuyée de la contemplation du même ridicule, la malignité des petits cherche dans de nouveaux défauts de nouveaux motifs de justifier ses mépris pour les grands. Leur impatience à cet égard hâte donc encore la chûte de ces sortes d'ouvrages, dont la célébrité souvent n'égale pas la durée du ridicule.

Tel est le genre de réussite que doivent avoir les romans satyriques. A l'égard d'un ouvrage de morale ou de métaphysique, son succès ne peut être le même; le desir de s'instruire, toujours plus rare et moins vif que celui de censurer, ne peut fournir dans une nation ni un si grand nombre de lecteurs, ni des lecteurs si passionnés. D'ailleurs les principes de ces sciences, avec quelque clarté qu'on les présente, exigent toujours des lecteurs une certaine attention qui doit encore en diminuer considérablement le nombre.

Mais si le mérite de cet ouvrage de morale ou de métaphysique est moins rapidement senti que celui d'un ouvrage satyrique, il est plus généralement reconnu; parceque des traités, tels que ceux de Locke ou de Nicole, où il ne s'agit ni d'un Italien, ni d'un Français, ni d'un Anglais, mais de l'homme en général, doivent nécessairement trouver des lecteurs chez tous les peuples du monde, et même les conserver dans chaque siecle. Tout ouvrage qui ne tire son mérite que de la finesse des observations faites sur la nature de l'homme et des choses ne peut cesser de plaire en aucun temps.

J'en ai dit assez pour faire connoître la vraie cause des différentes especes d'estime attachées aux différents genres d'esprit : s'il reste encore quelque doute sur ce sujet, on peut, par de nouvelles applications des principes ci-dessus établis, acquérir de nouvelles preuves de leur vérité.

Veut-on savoir, par exemple, quels seroient les divers succès de deux écrivains, dont l'un se distingueroit uniquement par la force et la profondeur de ses pensées, et l'autre par la maniere heureuse de les exprimer? Conséquemment à ce que j'ai dit, la réussite du premier doit être plus lente, parcequ'il est beaucoup plus de juges de la finesse, des graces, des agréments d'un tour ou d'une expression, et enfin de toutes les beautés de style, qu'il n'est de juges de la beauté des idées. Un écrivain poli, comme Malherbe, doit donc avoir des succès plus rapides qu'étendus, et plus brillants que durables. Il en est deux causes : la premiere, c'est qu'un ouvrage traduit d'une langue dans une autre perd toujours dans la traduction la fraîcheur et la force de son coloris, et ne passe par conséquent aux étrangers que dépouillé des charmes du style, qui, dans ma supposition, en faisoient le principal agrément : la seconde, c'est que la langue vieillit insensiblement ; c'est que les tours les plus heureux deviennent à la longue les plus communs, et qu'un ouvrage enfin, dépourvu, dans le pays même où il a été composé, des beautés qui l'y rendoient agréable, ne doit tout au plus conserver à son auteur qu'une estime de tradition.

Pour obtenir un succès entier, il faut aux graces de l'expression joindre le choix des idées. Sans cet heureux choix, un ouvrage ne peut soutenir l'épreuve du temps, et sur-tout d'une traduction, qu'on doit regarder comme le creuset le plus propre à séparer l'or pur du clinquant. Aussi ne doit-on attribuer qu'à ce défaut d'idées, trop commun à nos anciens poëtes, le mépris injuste que quelques gens raisonnables ont conçu pour la poésie.

Je n'ajouterai qu'un mot à ce que j'ai déja dit; c'est qu'entre les ouvrages dont la célébrité doit s'étendre dans tous les siecles et les pays divers, il en est qui, plus vivement et plus généralement intéressants pour l'humanité, doivent avoir des succès plus prompts et plus grands. Pour s'en convaincre, il suffit de se rappeler que, parmi les hommes, il en est peu qui n'aient éprouvé quelque passion ; que la plupart d'entre eux sont moins frappés de la profondeur d'une idée que de la beauté d'une description ; qu'ils ont, comme l'expérience le prouve, presque tous plus senti que vu, mais plus vu que réfléchi (1) ; qu'ainsi la peinture des passions doit être plus généralement agréable que la peinture des objets de la nature ; et la description poétique de ces mêmes objets doit trouver plus d'admirateurs que les ouvrages philosophiques. A l'égard même de ces derniers ouvrages, les hommes étant communément moins curieux de la

(1) Voilà pourquoi, dans la Grece, dans Rome, et dans presque tous les pays, le siecle des poëtes a toujours annoncé et précédé celui des philosophes.

connoissance de la botanique, de la géographie et des beaux arts, que de la connoissance du cœur humain, les philosophes excellents en ce dernier genre doivent être plus généralement connus et estimés que les botanistes, les géographes et les grands critiques. Aussi M. de la Motte (qu'il me soit encore permis de le citer pour exemple) eût-il été sans contredit plus généralement estimé s'il eût appliqué à des sujets plus intéressants la même finesse, la même élégance et la même netteté, qu'il a portées dans ses discours sur l'ode, la fable et la tragédie.

Le public, content d'admirer les chefs-d'œuvre des grands poëtes, fait peu de cas des grands critiques; leurs ouvrages ne sont lus, jugés et appréciés, que par les gens de l'art auxquels ils sont utiles. Voilà la vraie cause du peu de proportion qu'on remarque entre la réputation et le mérite de M. de la Motte.

Voyons maintenant quels sont les ouvrages qui doivent au succès rapide et brillant unir le succès étendu et durable.

On n'obtient à-la-fois ces deux especes de succès que par des ouvrages où, conformément à mes principes, on a su joindre à l'utilité momentanée l'utilité durable; tels sont certains genres de poëmes, de romans, de pieces de théâtre, et d'écrits moraux ou politiques : sur quoi il est bon d'observer que ces ouvrages, bientôt dépouillés des beautés dépendantes des mœurs, des préjugés, du temps et du pays où ils sont faits, ne conservent aux yeux de la postérité que les seules beautés communes à tous les siecles et à tous les pays; et qu'Homere, par cette raison, doit nous paroître moins agréable qu'il ne le parut aux Grecs de son temps. Mais cette perte, et, si je l'ose dire, ce déchet en mérite est plus ou moins grand, selon que les beautés durables qui entrent dans la composition d'un ouvrage, et qui y sont toujours inégalement mélangées aux beautés du jour, l'emportent plus ou moins sur ces dernieres. Pourquoi *les Femmes savantes* de l'illustre Moliere sont-elles déja moins estimées que son *Avare*, son *Tartuffe* et son *Misanthrope ?* On n'a point calculé le nombre d'idées renfermées dans chacune de ces pieces; on n'a point, en conséquence, déterminé le degré d'estime qui leur est dû: mais on a éprouvé qu'une comédie telle que *l'Avare*, dont le succès est fondé sur la peinture d'un vice toujours subsistant et toujours nuisible aux hommes, renfermoit nécessairement dans ses détails une infinité de beautés analogues au choix heureux de ce sujet, c'est-à-dire de beautés durables; qu'au contraire une comédie telle que *les Femmes savantes*, dont la réussite n'est appuyée que sur un ridicule passager, ne pouvoit étinceler que de ces beautés momentanées qui, plus analogues à la nature de ce sujet, et peut-être plus propres à faire des impressions vives sur le public, n'en pouvoient faire d'aussi durables. C'est pourquoi l'on ne voit guere chez les différentes nations que les pieces de caractere passer avec succès d'un théâtre à l'autre.

La conclusion de ce chapitre c'est que l'estime accordée aux divers genres d'esprit est dans chaque siecle toujours proportionnée à l'intérêt qu'on a de les estimer.

CHAPITRE XX.

De l'Esprit considéré par rapport aux différents pays.

Ce que j'ai dit des siecles divers je l'applique aux pays différents; et je prouve que l'estime ou le mépris attachés aux mêmes genres d'esprit est chez les différents peuples toujours l'effet de la forme différente de leur gouvernement, et par conséquent de la diversité de leurs intérêts.

Pourquoi l'éloquence est-elle si fort en estime chez les républicains? C'est que dans la forme de leur gouvernement l'éloquence ouvre la carriere des richesses et des grandeurs. Or l'amour et le respect que tous les hommes ont pour l'or et les dignités doit nécessairement se réfléchir sur les moyens propres à les acquérir. Voilà pourquoi dans les républiques on honore non seulement l'éloquence, mais encore toutes les sciences qui, telles que la politique, la jurisprudence, la morale, la poésie, ou la philosophie, peuvent servir à former des orateurs.

Dans les pays despotiques, au contraire, si l'on fait peu de cas de cette même espece d'éloquence, c'est qu'elle ne mene point à la fortune, c'est qu'elle n'est dans ces pays de presque aucun usage, et qu'on ne se donne pas la peine de persuader lorsqu'on peut commander.

Pourquoi les Lacédémoniens affectoient-ils tant de mépris pour le genre d'esprit propre à perfectionner les ouvrages de luxe? C'est qu'une république pauvre et petite, qui ne pouvoit opposer que ses vertus et sa valeur à la puissance redoutable des

Perses, devoit mépriser tous les arts propres à amollir le courage, qu'on eût peut-être avec raison déifiés à Tyr ou à Sidon.

D'où vient a-t-on moins d'estime en Angleterre pour la science militaire, qu'à Rome et dans la Grece on n'en avoit pour cette même science ? C'est que les Anglais, maintenant plus Carthaginois que Romains, ont, par la forme de leur gouvernement et par leur position physique, moins besoin de grands généraux que d'habiles négociants ; c'est que l'esprit de commerce, qui nécessairement amene à sa suite le goût du luxe et de la mollesse, doit chaque jour augmenter à leurs yeux le prix de l'or et de l'industrie ; doit chaque jour diminuer leur estime pour l'art de la guerre, et même pour le courage : vertu que, chez un peuple libre, soutient long-temps l'orgueil national; mais qui, s'affoiblissant néanmoins de jour en jour, est peut-être la cause éloignée de la chûte ou de l'asservissement de cette nation. Si les écrivains célebres, au contraire, comme le prouve l'exemple des Locke et des Addisson, ont été jusqu'à présent plus honorés en Angleterre que par-tout ailleurs, c'est qu'il est impossible qu'on ne fasse très grand cas du mérite dans un pays où chaque citoyen a part au maniement des affaires générales, où tout homme d'esprit peut éclairer le public sur ses véritables intérêts. C'est la raison pour laquelle on rencontre si communément à Londres des gens instruits; rencontre plus difficile à faire en France: non que le climat anglais, comme on l'a prétendu, soit plus favorable à l'esprit que le nôtre; la liste de nos hommes célebres dans la guerre, la politique, les sciences et les arts, est peut-être plus nombreuse que la leur. Si les seigneurs anglais sont en général plus éclairés que les nôtres, c'est qu'ils sont forcés de s'instruire; c'est qu'en dédommagement des avantages que la forme de notre gouvernement peut avoir sur la leur, ils en ont à cet égard un très considérable sur nous; avantage qu'ils conserveront jusqu'à ce que le luxe ait entièrement corrompu les principes de leur gouvernement, les ait insensiblement pliés au joug de la servitude, et leur ait appris à préférer les richesses aux talents. Jusqu'aujourd'hui c'est à Londres un mérite de s'instruire: à Paris c'est un ridicule. Ce fait suffit pour justifier la réponse d'un étranger que M. le duc d'Orléans, régent, interrogeoit sur le caractere et le génie différent des na-

tions de l'Europe. « La seule maniere,
« lui dit l'étranger, de répondre à
« votre altesse royale est de lui ré-
« péter les premieres questions que
« chez les divers peuples l'on fait le
« plus communément sur le compte
« d'un homme qui se présente dans
« le monde. En Espagne, ajouta-t-il,
« on demande, *Est-ce un grand de*
« *la premiere classe?* en Allemagne,
« *Peut-il entrer dans les chapitres?*
« en France, *Est-il bien à la cour?*
« en Hollande, *Combien a-t-il d'or?*
« en Angleterre, *Quel homme est-*
« *ce?* »

Le même intérêt général qui, dans
les états républicains et ceux dont
la constitution est mixte, préside à la
distribution de l'estime, est aussi, dans
les empires soumis au despotisme, le
distributeur unique de cette même
estime. Si, dans ces gouvernements,

on fait peu de cas de l'esprit, et si l'on a plus de considération à Ispahan, à Constantinople, pour l'eunuque, l'icoglan ou le bacha, que pour l'homme de mérite, c'est qu'en ces pays on n'a nul intérêt d'estimer les grands hommes. Ce n'est pas que ces grands hommes n'y fussent utiles et desirables; mais aucun des particuliers dont l'assemblage forme le public n'ayant intérêt à le devenir, on sent que chacun d'eux estimera toujours peu ce qu'il ne voudroit pas être.

Qui pourroit dans ces empires engager un particulier à supporter la fatigue de l'étude et de la méditation nécessaires pour perfectionner ses talents? Les grands talents sont toujours suspects aux gouvernements injustes: les talents n'y procurent ni les dignités ni les richesses. Or les richesses et les dignités sont cependant les seuls biens visibles à tous les yeux, les seuls qui soient réputés vrais biens, et soient universellement desirés. En vain diroit-on qu'ils sont quelquefois fastidieux à leurs possesseurs : ce sont, si l'on veut, des décorations quelquefois désagréables aux yeux de l'acteur, et qui néanmoins paroîtront toujours admirables du point de vue d'où le spectateur les contemple. C'est pour les obtenir qu'on fait les plus grands efforts. Aussi les hommes illustres ne croissent-ils que dans les pays où les honneurs et les richesses sont le prix des grands talents; aussi les pays despotiques sont-ils, par la raison contraire, toujours stériles en grands hommes. Sur quoi j'observerai que l'or est maintenant d'un si grand prix aux yeux de toutes les nations, que, dans des gouvernements infiniment plus sages et plus éclairés, la possession de l'or est presque toujours regardée comme le premier mérite. Que de gens riches, enorgueillis par les hommages universels, se croient supérieurs à l'homme de talent (1), se

(1) Séduits par leur propre vanité et les éloges de mille flatteurs, les plus médiocres d'entre eux se croient du moins fort au dessus de quiconque n'est pas supérieur en son genre. Ils ne sentent pas qu'il en est des gens d'esprit comme des coureurs : Un tel, disent-ils entre eux, ne court pas; cependant ce n'est ni l'impotent ni l'homme ordinaire qui l'atteindront à la course.

Si l'on se tait sur la médiocrité d'esprit de la plupart de ces gens si vains de leurs richesses, c'est qu'on ne songe pas même à les citer. Le silence sur notre compte est toujours un mauvais signe; c'est qu'on n'a point à se venger de notre supériorité. On dit peu de mal de ceux qui ne méritent pas d'éloge.

félicitent d'un ton superbement modeste d'avoir préféré l'utile à l'agréable, et d'avoir, au défaut d'esprit, fait, disent-ils, emplette de bon sens, qui, dans la signification qu'ils attachent à ce mot, est le vrai, le bon et le suprême esprit ! De telles gens doivent toujours prendre les philosophes pour des spéculateurs visionnaires, leurs écrits pour des ouvrages sérieusement frivoles, et l'ignorance pour un mérite.

Les richesses et les dignités sont trop généralement desirées pour qu'on honore jamais les talents chez les peuples où les prétentions au mérite sont exclusives des prétentions à la fortune. Or, pour faire fortune, dans quel pays l'homme d'esprit n'est-il pas contraint à perdre dans l'antichambre d'un protecteur un temps que, pour exceller en quelque genre que ce soit, il faudroit employer à des études opiniâtres et continues ? Pour obtenir la faveur des grands, à quelles flatteries, à quelles bassesses ne doit-il pas se plier ? S'il naît en Turquie, il faut qu'il s'expose aux dédains d'un muphti ou d'une sultane ; en France, aux bontés outrageantes d'un grand seigneur (1), ou d'un homme en place qui, méprisant en lui un genre d'esprit trop différent du sien, le regardera comme un homme inutile à l'état, incapable d'affaires sérieuses, et tout au plus comme un joli enfant occupé d'ingénieuses bagatelles. D'ailleurs, secrètement jaloux de la réputation des gens de mérite (2), et sensible à leur cen-

(1) Ils contrefont quelquefois les bonnes gens ; mais à travers leur bonté, comme à travers les trous du manteau de Diogene, on apperçoit la vanité.

(2) « En entrant dans le monde, disoit

sure, l'homme en place les reçoit chez lui moins par goût que par faste, uniquement pour montrer qu'il a de tout dans sa maison. Or comment imaginer qu'un homme animé de cette passion pour la gloire qui l'arrache aux douceurs du plaisir s'avilisse jusqu'à ce

« un jour M. le président de Montes-
« quieu, on m'annonça comme un hom-
« me d'esprit, et je reçus un accueil
« assez favorable des gens en place;
« mais, lorsque, par le succès des *Let-*
« *tres persanes*, j'eus peut-être prou-
« vé que j'en avois, et que j'eus obtenu
« quelque estime de la part du public,
« celle des gens en place se refroidit;
« j'essuyai mille dégoûts. Comptez, ajou-
« toit-il, qu'intérieurement blessés de la
« réputation d'un homme célebre, c'est
« pour s'en venger qu'ils l'humilient; et
« qu'il faut soi-même mériter beaucoup
« d'éloges pour supporter patiemment
« l'éloge qu'on nous fait d'autrui. »

point ? Quiconque est né pour illustrer son siecle est toujours en garde contre les grands ; il ne se lie du moins qu'avec ceux dont l'esprit et le caractere, faits pour estimer les talents et s'ennuyer dans la plupart des sociétés, y recherchent, y rencontrent l'homme d'esprit avec le même plaisir que se rencontrent à la Chine deux Français, qui s'y trouvent amis à la premiere vue.

Le caractere propre à former les hommes illustres les expose donc nécessairement à la haïne, ou du moins à l'indifférence, des grands et des hommes en place, et sur-tout chez des peuples, tels que les Orientaux, qui, abrutis par la forme de leur gouvernement et par leur religion, croupissent dans une honteuse ignorance, et tiennent, si je l'ose dire, le milieu entre l'homme et la brute.

Après avoir prouvé que le défaut d'estime pour le mérite est, dans l'Orient, fondé sur le peu d'intérêt que les peuples ont d'estimer les talents, pour faire mieux sentir la puissance de cet intérêt, appliquons ce principe à des objets qui nous soient plus familiers. Qu'on examine pourquoi l'intérêt public modifié selon la forme de notre gouvernement nous donne, par exemple, tant de dégoût pour le genre de la dissertation ; pourquoi le ton nous en paroît insupportable : et l'on sentira que la dissertation est pénible et fatigante ; que les citóyens ayant par la forme de notre gouvernement moins besoin d'instruction que d'amusement, ils ne desirent en général que la sorte d'esprit qui les rend agréables dans un souper ; qu'ils doivent en conséquence faire peu de cas de l'esprit de raisonnement, et ressembler tous, plus ou moins, à cet homme de la cour qui, moins ennuyé qu'embarrassé des raisonnemens qu'un homme apportoit en preuve de son opinion, s'écria vivement, *Ah! monsieur, je ne veux pas qu'on me prouve.*

Tout doit céder chez nous à l'intérêt de la paresse. Si dans la conversation l'on ne se sert que de phrases décousues et hyperboliques; si l'exagération est devenue l'éloquence particuliere de notre siecle et de notre nation; si l'on n'y fait nul cas de la justesse et de la précision des idées et des expressions; c'est que nous ne sommes nullement intéressés à les estimer. C'est par ménagement pour cette même paresse que nous regardons le goût comme un don de la nature, comme un instinct supérieur à toute connoissance raisonnée, et enfin comme un sentiment vif et prompt du bon et du mauvais: sentiment qui nous dispense de tout examen, et réduit toutes les regles de la critique aux deux seuls mots de *délicieux* ou de *détestable*. C'est à cette même paresse que nous devons aussi quelques uns des avantages que nous avons sur les autres nations. Le peu d'habitude de l'application, qui bientôt nous en rend tout-à-fait incapables, nous fait desirer dans les ouvrages une netteté qui supplée à cette incapacité d'attention. Nous sommes des enfants qui voulons dans nos lectures être toujours soutenus par la lisiere de l'ordre. Un auteur doit donc maintenant se donner toutes les peines imaginables pour en épargner à ses lecteurs; il doit souvent répéter, d'après Alexandre, *O Athéniens, qu'il m'en coûte pour être loué de vous!* Or la nécessité d'être clairs pour être lus nous rend à cet égard supérieurs aux écrivains anglais. Si ces derniers font peu de cas de cette clarté, c'est que leurs lecteurs y sont moins sensibles, et que des esprits plus exercés à la fatigue de l'attention peuvent suppléer plus facilement à ce défaut. Voilà ce qui, dans une science telle que la métaphysique, doit nous donner quelques avantages sur nos voisins. Si l'on a toujours appliqué à cette science le proverbe *Point de merveille sans voile*, et si ses ténebres l'ont rendue long-temps respectable, maintenant notre paresse n'entreprendroit plus de les percer; son obscurité la rendroit méprisable: nous voulons qu'on la dépouille du langage inintelligible dont elle est encore revêtue, qu'on la dégage des nuages mystérieux qui l'environnent. Or ce desir, qu'on ne doit

qu'à la paresse, est l'unique moyen de faire une science de choses de cette même métaphysique, qui jusqu'à présent n'a été qu'une science de mots. Mais, pour satisfaire sur ce point le goût du public, il faut, comme le remarque l'illustre historiographe de l'académie de Berlin, « que les esprits,
« brisant les entraves d'un respect trop
« superstitieux, connoissent les limites
« qui doivent éternellement séparer
« la raison de la religion ; et que les
« examinateurs, follement révoltés
« contre tout ouvrage de raisonne-
« ment, ne condamnent plus la na-
« tion à la frivolité. »

Ce que j'ai dit suffit, je pense, pour nous découvrir en même temps la cause de notre amour pour les historiettes et les romans, de notre habileté en ce genre, de notre supériorité dans l'art frivole, et cependant assez difficile, de dire des riens, et enfin de la préférence que nous donnons à l'esprit d'agrément sur tout autre genre d'esprit ; préférence qui nous accoutume à regarder l'homme d'esprit comme divertissant, à l'avilir en le confondant avec le pantomime; préférence enfin qui nous rend le peuple le plus galant, le plus aimable, mais le plus frivole de l'Europe.

Nos mœurs données, nous devons être tels. La route de l'ambition est, par la forme de notre gouvernement, fermée à la plupart des citoyens; il ne leur reste que celle du plaisir. Entre les plaisirs, celui de l'amour est le plus vif : pour en jouir, il faut se rendre agréable aux femmes. Dès que le besoin d'aimer se fait sentir, celui de plaire doit donc s'allumer en notre ame. Malheureusement il en est des amants comme de ces insectes ailés qui prennent la couleur de l'herbe à laquelle ils s'attachent : ce n'est qu'en empruntant la ressemblance de l'objet aimé qu'un amant parvient à lui plaire. Or, si les femmes, par l'éducation qu'on leur donne, doivent acquérir plus de frivolité et de graces, que de force et de justesse dans les idées, nos esprits, se modelant sur les leurs, doivent en conséquence se ressentir des mêmes vices.

Il n'est que deux moyens de s'en garantir. Le premier, c'est de perfectionner l'éducation des femmes, de donner plus de hauteur à leur ame, plus d'étendue à leur esprit. Nul doute qu'on ne l'élevât aux plus grandes choses si l'on avoit l'amour pour précepteur, et que la main de la beauté jetât dans notre ame les semences de l'esprit et de la vertu. Le second moyen (et ce n'est pas certainement celui que je conseillerois), ce seroit de débarrasser les femmes d'un reste de pudeur, dont le sacrifice les met en droit d'exiger le culte et l'adoration perpétuelle de leurs amants. Alors les faveurs des femmes, devenues plus communes, paroîtroient moins précieuses ; alors les hommes, plus indépendants, plus sages, ne perdroient près d'elles que les heures consacrées aux plaisirs de l'amour, et pourroient par conséquent étendre et fortifier leur esprit par l'étude et la méditation. Chez tous les peuples et dans tous les pays voués à l'idolâtrie des femmes, il faut en faire des Romaines ou des sultanes ; le milieu entre ces deux partis est le plus dangereux.

Ce que j'ai dit ci-dessus prouve que c'est à la diversité des gouvernements, et par conséquent des intérêts des peuples, qu'on doit attribuer l'étonnante variété de leurs caracteres, de leur génie et de leurs goûts. Si l'on croit quelquefois appercevoir un point de ralliement pour l'estime générale; si, par exemple, la science militaire est chez presque tous les peuples regardée comme la premiere, c'est que le grand capitaine est presque en tous les pays l'homme le plus utile, du moins jusqu'à la convention d'une paix universelle et inaltérable. Cette paix une fois confirmée, on donneroit, sans contredit, aux hommes célebres dans les sciences, les lois, les lettres et les beaux arts, la préférence sur le plus grand capitaine du monde: d'où je conclus que l'intérêt général est dans chaque nation le dispensateur unique de son estime.

C'est à cette même cause, comme je vais le prouver, qu'on doit attribuer le mépris injuste ou légitime, mais toujours réciproque, que les nations ont pour leurs mœurs, leurs usages et leurs caracteres différents.

CHAPITRE XXI.

Le mépris respectif des Nations tient à l'intérêt de leur vanité.

Il en est des nations comme des particuliers : si chacun de nous se croit infaillible, place la contradiction au rang des offenses, et ne peut estimer ni admirer dans autrui que son propre esprit, chaque nation n'estime pareillement dans les autres que les idées analogues aux siennes : toute opinion contraire est donc entre elles un germe de mépris.

Qu'on jette un coup-d'œil rapide sur l'univers. Ici c'est l'Anglais qui nous prend pour des têtes frivoles., lorsque nous le prenons pour une tête brûlée; là c'est l'Arabe qui, persuadé de l'infaillibilité de son calife, se rit de la sotte crédulité du Tartare qui croit le grand lama immortel. Dans l'Afrique c'est le Negre qui, toujours en adoration devant une racine, une patte de crabe, ou la corne d'un animal, ne voit dans la terre qu'une masse immense de divinités, et se moque de la disette où nous sommes de dieux, tandis que le musulman peu instruit nous accuse d'en reconnoître trois. Plus loin ce sont les habitants de la montagne de Bata; ils sont persuadés que tout homme qui mange avant sa mort un coucou rôti est un saint: ils se moquent en conséquence de l'Indien. Quoi de plus ridicule, lui disent-ils, que d'approcher une vache du lit d'un malade, et d'imaginer que si la vache dont on tire la queue vient à pisser, et qu'il tombe quelques gouttes de son urine sur le moribond, ce moribond est un saint? Quoi de plus absurde aux bramines que d'exiger de leurs nouveaux convertis que pendant six mois ils se tiennent pour toute nourriture à la fiente de vache (1)?

C'est toujours sur une semblable différence de mœurs et de coutumes qu'est fondé le mépris respectif des nations. C'est par ce motif (2) que

---

(1) *Théâtre de l'Idolâtrie*, par Abraham Roger.

La vache, au rapport de Vincent le Blanc, est réputée sainte et sacrée au Calicut : il n'est point d'être qui généralement ait plus de réputation de sainteté. Il paroît que la coutume de manger, par pénitence, de la fiente de vache est fort ancienne en Orient.

(2) Blessé de nos mépris, « Je ne con-

l'habitant d'Antioche méprisoit jadis dans l'empereur Julien cette simplicité de mœurs et cette frugalité qui lui méritoient l'admiration des Gaulois. La différence de religion, et par conséquent d'opinion, déterminoit dans le même temps des chrétiens plus zélés que justes à noircir, par les plus infâmes calomnies, la mémoire d'un prince qui, diminuant les impôts, rétablissant la discipline militaire, et ranimant la vertu expirante des Romains, a si justement mérité d'être mis au rang de leurs plus grands empereurs (1).

« nois de sauvage, dit le Caraïbe, que
« l'Européan, qui n'adopte aucun de mes
« usages ». *De l'Orig. et des Mœurs des Caraïbes*, par la Borde.

(1) On grava, à Tarse, sur le tombeau de Julien : *Ci gît Julien, qui perdit la vie sur les bords du Tigre. Il fut un*

Qu'on jette les yeux de toutes parts, tout est plein de ces injustices. Chaque nation, convaincue qu'elle seule possede la sagesse, prend toutes les autres pour folles, et ressemble assez au Marilanais (1) qui, persuadé que sa langue est la seule de l'univers, en conclut que les autres hommes ne savent pas parler.

S'il descendoit du ciel un sage qui dans sa conduite ne consultât que les lumieres de la raison, ce sage passeroit universellement pour fou. Il seroit, dit Socrate, vis-à-vis des autres hommes comme un médecin que des pâtissiers accuseroient, devant un tribunal d'enfants, d'avoir défendu les pâtés et les tartelettes, et qui sûrement

excellent empereur et un vaillant guerrier.

(1) *Voyages de la compagnie des Indes hollandaises.*

y paroîtroit coupable au premier chef. En vain appuieroit-il ses opinions sur les démonstrations les plus fortes, toutes les nations seroient à son égard comme ce peuple de bossus chez lequel, disent les fabulistes indiens, passa un dieu beau, jeune et bien fait. Ce dieu, ajoutent-ils, entre dans la capitale; il s'y voit environné d'une multitude d'habitants; sa figure leur paroît extraordinaire, les ris et les brocards annoncent leur étonnement: on alloit pousser plus loin les outrages, si, pour l'arracher à ce danger, un des habitants, qui sans doute avoit vu d'autres hommes que des bossus, ne se fût tout-à-coup écrié : Eh! mes amis, qu'allons-nous faire ? N'insultons point ce malheureux contrefait : si le ciel nous a fait à tous le don de la beauté, s'il a orné notre dos d'une montagne de chair, pleins de reconnoissance pour les immortels, allons au temple en rendre graces aux dieux. Cette fable est l'histoire de la vanité humaine. Tout peuple admire ses défauts, et méprise les qualités contraires : pour réussir dans un pays, il faut être porteur de la bosse de la nation chez laquelle on voyage.

Il est dans chaque pays peu d'avocats qui plaident la cause des nations voisines, et peu d'hommes qui reconnoissent en eux le ridicule dont ils accusent l'étranger, et qui prennent exemple sur je ne sais quel Tartare qui fit à ce sujet adroitement rougir le grand lama lui-même de son injustice.

Ce Tartare avoit parcouru le Nord, visité le pays des Lappons, et même acheté du vent de leurs sorciers (1).

(1) Les Lappons ont des sorciers qui vendent aux voyageurs des cordelettes

De retour en son pays, il raconte ses aventures : le grand lama veut les entendre ; il pâme de rire à ce récit. De quelle folie, disoit-il, l'esprit humain n'est-il pas capable ! que de coutumes bizarres ! quelle crédulité dans les Lappons ! Sont-ce des hommes ? Oui vraiment, répondit le Tartare : apprends même quelque chose de plus étrange, c'est que ces Lappons, si ridicules avec leurs sorciers, ne rient pas moins de notre crédulité que tu ris de la leur. Impie, répond le grand lama, oses-tu bien prononcer ce blasphême, et comparer ma religion avec la leur ? Pere éternel, reprit le Tartare, avant que l'imposition sacrée de ta main sur ma tête m'ait lavé de mon péché, je te représenterai que par tes ris tu ne dois pas enga-

dont le nœud, délié à certaine hauteur, doit donner un certain vent.

ger tes sujets à faire un profane usage de leur raison. Si l'œil sévere de l'examen et du doute se portoit sur tous les objets de la croyance humaine, qui sait si ton culte même seroit à l'abri des railleries de l'incrédulité? Peut-être que ta sainte urine et tes saints excréments (1), que tu distribues en présent aux princes de la terre, leur paroîtroient moins précieux; peut-être n'y trouveroient-ils plus la même saveur, n'en saupoudreroient-ils plus leurs ragoûts, et n'en mêleroient-ils plus dans leurs sauces. Déja l'impiété nie à la Chine les neuf incarnations de Visthnou. Toi, dont la vue embrasse le passé, le présent et l'avenir, tu nous l'as répété souvent,

(1) On donne au grand lama le nom de *Pere éternel*. Les princes sont friands de ses excréments. *Histoire générale des Voyages*, tome VII.

c'est au talisman d'une croyance aveugle que tu dois ton immortalité et ta puissance sur la terre : sans la soumission entiere à tes dogmes, obligé de quitter ce séjour de ténebres, tu remonterois au ciel ta patrie. Tu sais que les lamas soumis à ta puissance doivent un jour t'élever des autels dans toutes les parties du monde : qui peut t'assurer qu'ils exécutent ce projet sans le secours de la crédulité humaine, et que sans elle l'examen toujours impie ne prît les lamas pour des sorciers lappons qui vendent du vent aux sots qui l'achetent ? Excuse donc, ô Fo vivant, les discours que me dicte l'intérêt de ton culte ; et que le Tartare apprenne de toi à respecter l'ignorance et la crédulité dont le ciel, toujours impénétrable dans ses vues, paroît se servir pour te soumettre la terre.

Peu d'hommes font, à cet exemple, sentir à leur nation le ridicule dont elle se couvre aux yeux de la raison, lorsque, sous un nom étranger, elle rit de sa propre folie; mais il est encore moins de nations qui sussent profiter de pareils avis. Toutes sont si scrupuleusement attachées à l'intérêt de leur vanité, qu'en tout pays l'on ne donnera jamais le nom de sages qu'à ceux *qui*, comme disoit M. de Fontenelle, *sont fous de la folie commune.* Quelque bizarre que soit une fable, elle est toujours crue de quelques nations; et quiconque en doute est traité de fou par cette même nation. Dans le royaume de Juida, où l'on adore le serpent, quel homme oseroit nier le conte que les marabouts font d'un cochon qui, disent-ils, insulta à la divinité du serpent (1),

(1) *Voyages de Guinée et de la Cayenne*, par le P. Labat.

et le mangea ? Un saint marabout, ajoutent-ils, s'en apperçoit, en porte ses plaintes au roi. Sur-le-champ arrêt de mort contre tous les cochons : l'exécution s'ensuit ; et la race en alloit être anéantie, lorsque les peuples représenterent au roi que, pour un coupable, il n'étoit pas juste de punir tant d'innocents. Ces remontrances suspendent la colere du prince ; on appaise le grand marabout ; le massacre cesse, et les cochons ont ordre à l'avenir d'être plus respectueux envers la divinité. Voilà, s'écrient les marabouts, comme le serpent sait allumer la colere des rois pour se venger des impies : que l'univers reconnoisse sa divinité, à son temple, à son sacrificateur, à l'ordre de marabout destiné à le servir, enfin aux vierges consacrées à son culte ! Si, retiré au fond de son sanctuaire, le dieu serpent, invisible aux yeux mêmes du roi, ne reçoit ses demandes et ne rend ses réponses que par l'organe des prêtres, ce n'est point aux mortels à porter sur ces mysteres un œil profane : leur devoir est de croire, de se prosterner, et d'adorer.

En Asie au contraire, lorsque les Perses, tout souillés (1) du sang des serpents immolés au dieu du bien, couroient au temple des mages se vanter de cet acte de piété, s'imagine-t-on qu'un homme qui les auroit arrêtés pour leur prouver le ridicule de leur opinion en eût été bien reçu ? Plus une opinion est folle, plus il est honnête et dangereux d'en démontrer la folie.

Aussi M. de Fontenelle a-t-il toujours répété que, *s'il tenoit toutes les*

(1) Beausobre, *Histoire du Manichéisme.*

vérités dans sa main, il se garderoit bien de l'ouvrir pour les montrer aux hommes. En effet, si la découverte d'une seule a, dans l'Europe même, fait traîner Galilée dans les prisons de l'inquisition, à quel supplice ne condamneroit-on pas celui qui les révéleroit toutes (1) !

Parmi les lecteurs raisonnables qui rient dans cet instant de la sottise de l'esprit humain, et qui s'indignent du traitement fait à Galilée, peut-être n'en est-il aucun qui, dans le siecle de ce philosophe, n'en eût sollicité la mort. Ils eussent alors eu des opi-

(1) Penser, dit Aristippe, c'est s'attirer la haine irréconciliable des ignorants, des foibles, des superstitieux, et des hommes corrompus, qui tous se déclarent hautement contre tous ceux qui veulent saisir dans les choses ce qu'il y a de vrai et d'essentiel.

nions différentes. Et dans quelles cruautés ne nous précipite pas le barbare et fanatique attachement pour nos opinions! Combien cet attachement n'a-t-il pas semé de maux sur la terre! attachement cependant dont il seroit également juste, utile et facile, de se défaire.

Pour apprendre à douter de ses opinions, il suffit d'examiner les forces de son esprit, de considérer le tableau des sottises humaines, de se rappeler que ce fut six cents ans après l'établissement des universités qu'il en sortit enfin un homme extraordinaire (1), que son siecle persécuta, et mit ensuite au rang des demidieux, pour avoir enseigné aux hommes à n'admettre pour vrais que les principes dont ils auroient des idées claires; vérité dont peu de gens sen-

(1) Descartes.

tent toute l'étendue : pour la plupart des hommes, les principes ne renferment point de conséquences.

Quelle que soit la vanité des hommes, il est certain que, s'ils se rappeloient souvent de pareils faits ; si, comme M. de Fontenelle, ils se disoient souvent à eux-mêmes : « Per-« sonne n'échappe à l'erreur ; serois-« je le seul homme infaillible ? ne « seroit-ce pas dans les choses mêmes « que je soutiens avec le plus de fana-« tisme que je me tromperois » ? si les hommes avoient cette idée habituellement présente à l'esprit : ils seroient plus en garde contre leur vanité, plus attentifs aux objections de leurs adversaires, plus à portée d'appercevoir la vérité ; ils seroient plus doux, plus tolérants, et sans doute auroient une moins haute opinion de leur sagesse. Socrate répétoit souvent : *Tout ce que je sais, c'est que je ne sais rien*. On sait tout dans notre siecle, excepté ce que Socrate savoit. Les hommes ne se surprennent si souvent en erreur que parcequ'ils sont ignorants, et qu'en général leur folie la plus incurable c'est de se croire sages.

Cette folie, commune à toutes les nations, et produite en partie par leur vanité, leur fait non seulement mépriser les mœurs et les usages différents des leurs, mais leur fait encore regarder comme un don de la nature la supériorité que quelques unes d'entre elles ont sur les autres: supériorité qu'elles ne doivent qu'à la constitution politique de leur état.

CHAPITRE XXII.

Pourquoi les Nations mettent au rang des dons de la nature les qualités qu'elles ne doivent qu'à la forme de leur gouvernement.

La vanité est encore le principe de cette erreur : et quelle nation peut triompher d'une pareille erreur? Supposons, pour en donner un exemple, qu'un Français, accoutumé à parler assez librement, à rencontrer çà et là quelques hommes vraiment citoyens, quitte Paris, et débarque à Constantinople: quelle idée se formera-t-il des pays soumis au despotisme, lorsqu'il considérera l'avilissement où s'y trouve l'humanité; qu'il appercevra partout l'empreinte de l'esclavage; qu'il verra la tyrannie infecter de son souffle les germes de tous les talents et de toutes les vertus, porter l'abrutissement, la crainte servile et la dépopulation du Caucase jusqu'à l'Égypte ; qu'enfin il apprendra qu'enfermé dans son serrail, tandis que le Persan bat ses troupes et ravage ses provinces, le tranquille sultan, indifférent aux calamités publiques, boit son sorbet, caresse ses femmes, fait étrangler ses bachas, et s'ennuie ? Frappé de la lâcheté et de la servitude de ces peuples, à la fois animé du sentiment de l'orgueil et de l'indignation, quel Français ne se croira pas d'une nature supérieure au Turc ? En est-il beaucoup qui sentent que le mépris pour une nation est toujours un mépris injuste ; que c'est de la forme plus ou moins heureuse des gouvernements que dépend la supériorité d'un peuple sur un autre; et qu'enfin ce Turc peut lui faire la même réponse qu'un Perse fit à un soldat lacédémonien qui lui reprochoit la lâcheté de sa nation? Pourquoi m'insulter? lui disoit-il; sache qu'il n'est plus de nation par-tout où l'on reconnoît un maître absolu. Un roi est l'ame universelle d'un état despotique; c'est son courage ou sa foiblesse qui fait languir ou qui vivifie cet empire. Vainqueurs sous Cyrus, si nous sommes vaincus sous Xerxès, c'est que Cyrus eut à fonder le trône où Xerxès s'est assis en naissant; c'est que Cyrus eut, en naissant, des égaux; c'est que Xerxès fut toujours environné d'esclaves; et les plus vils, tu le sais, habitent les palais des rois. C'est donc la lie de la nation que tu vois aux premiers postes; c'est l'écume des mers qui s'est élevée sur leur surface. Reconnois l'injustice de tes mépris; et, si tu en doutes, donne-nous les lois de Sparte, prends Xerxès pour maître; tu seras le lâche, et moi le héros.

Rappelons-nous le moment où le cri de la guerre avoit réveillé toutes les nations de l'Europe, où son tonnerre se faisoit entendre du nord au midi de la France (1); supposons qu'en ce moment un républicain, encore tout échauffé de l'esprit de citoyen, arrive à Paris, et se présente dans la bonne compagnie: quelle surprise pour lui de voir chacun y traiter avec indifférence les affaires publiques, et ne s'y occuper vivement que d'une mode, d'une histoire galante, ou d'un petit chien!

Frappé à cet égard de la différence qui se trouve entre notre nation et la

(1) Dans la derniere guerre, lorsque les ennemis entrerent en Provence.

sienne, il n'est presque point d'Anglais qui ne se croie un être d'une nature supérieure, qui ne prenne les Français pour des têtes frivoles, et la France pour le royaume Babiole: ce n'est pas qu'il ne pût facilement s'appercevoir que c'est non seulement à la forme de leur gouvernement que ses compatriotes doivent cet esprit de patriotisme et d'élévation inconnu à tout autre pays qu'aux pays libres, mais qu'ils le doivent encore à la position physique de l'Angleterre.

En effet, pour sentir que cette liberté dont les Anglais sont si fiers, et qui renferme réellement le germe de tant de vertus, est moins le prix de leur courage qu'un don du hasard, considérons le nombre infini de factions qui jadis ont déchiré l'Angleterre; et l'on sera convaincu que si les mers, en embrassant cet empire, ne l'eussent rendu inaccessible aux peuples voisins, ces peuples, en profitant des divisions des Anglais, ou les eussent subjugués, ou du moins eussent fourni à leurs rois des moyens de les asservir, et qu'ainsi leur liberté n'est point le fruit de leur sagesse. Si, comme ils le prétendent, ils ne la tenoient que d'une fermeté et d'une prudence particuliere à leur nation, après le crime affreux commis dans la personne de Charles I*er*, n'auroient-ils pas du moins tiré de ce crime le parti le plus avantageux? Auroient-ils souffert que, par des services et des processions publiques, on mît au rang des martyrs un prince qu'il étoit de leur intérêt, disent quelques uns d'entre eux, de faire regarder comme une victime immolée au bien général, et dont le supplice, nécessaire au monde, devoit à jamais épouvanter quiconque entreprendroit de soumettre les peuples à une autorité arbitraire et tyrannique? Tout Anglais sensé conviendra donc que c'est à la position physique de son pays qu'il doit sa liberté; que la forme de son gouvernement ne pourroit subsister, telle qu'elle est, en terre ferme sans être infiniment perfectionnée; et que l'unique et légitime sujet de son orgueil se réduit au bonheur d'être né insulaire plutôt qu'habitant du continent.

Un particulier fera sans doute un pareil aveu, mais jamais un peuple. Jamais un peuple ne donnera à sa vanité les entraves de la raison : plus d'équité dans ses jugements supposeroit une suspension d'esprit trop rare dans les particuliers pour la trouver jamais dans une nation.

Chaque peuple mettra donc toujours au rang des dons de la nature les vertus qu'il tient de la forme de son gouvernement. L'intérêt de sa vanité le lui conseillera : et qui résiste au conseil de l'intérêt ?

La conclusion générale de ce que j'ai dit de l'esprit considéré par rapport aux pays divers, c'est que l'intérêt est le dispensateur unique de l'estime ou du mépris que les nations ont pour leurs mœurs, leurs coutumes et leurs genres d'esprit différents.

La seule objection qu'on puisse opposer à cette conclusion est celle-ci : Si l'intérêt, dira-t-on, étoit le seul dispensateur de l'estime accordée aux différents genres de science et d'esprit, pourquoi la morale, utile à toutes les nations, n'est-elle pas la plus honorée ? Pourquoi le nom des Descartes, des Newton, est-il plus célèbre que ceux des Nicole, des La Bruyere, et de tous les moralistes, qui peut-être ont dans leurs ouvrages fait preuve d'autant d'esprit? C'est, répondrai-je, que les grands physiciens ont, par leurs découvertes, quelquefois servi l'univers, et que la plupart des moralistes n'ont été jusqu'à présent d'aucun secours à l'humanité. Que sert de répéter sans cesse qu'il est beau de mourir pour la patrie? Un apophthegme ne fait point un héros. Pour mériter l'estime, les moralistes devoient employer, à la recherche des moyens propres à former des hommes braves et vertueux, le temps et l'esprit qu'ils ont perdus à composer des maximes sur la vertu. Lorsqu'Omar écrivoit aux Syriens, *J'envoie contre vous des hommes aussi avides de la mort que vous l'êtes des plaisirs;* alors les Sarrasins, trompés par les prestiges de l'ambition et de la crédulité, ne voyoient dans le ciel que le partage de la valeur et de la victoire, et dans l'enfer que celui de la lâcheté et de la défaite. Ils étoient alors animés du plus violent fanatisme; et ce sont les passions, et non les maximes de morale, qui forment les hommes courageux. Les moralistes devoient le sentir, et savoir que, semblable au sculpteur qui, d'un tronc d'arbre, fait un dieu ou un banc, le législateur forme à son gré des héros, des génies, et des gens vertueux. J'en atteste les Moscovites transformés en hommes par Pierre-le-Grand.

En vain les peuples follement amoureux de leur législation cherchent-ils, dans l'inexécution de leurs lois, la cause de leurs malheurs. L'inexécution des lois, dit le sultan Mahmouth, est toujours la preuve de l'ignorance du législateur: la récompense, la punition, la gloire, et l'infamie, soumises à ses volontés, sont quatre especes de divinités avec lesquelles il peut toujours opérer le bien public, et créer des hommes illustres en tous les genres.

Toute l'étude des moralistes consiste à déterminer l'usage qu'on doit faire de ces récompenses et de ces punitions, et les secours qu'on en peut tirer pour lier l'intérêt personnel à l'intérêt général. Cette union est le chef-d'œuvre que doit se proposer la morale. Si les citoyens ne pouvoient faire leur bonheur particulier sans faire le bien public, il n'y auroit alors de vicieux que les fous ; tous les hommes seroient nécessités à la vertu, et la félicité des nations seroit un bienfait de la morale : or qui doute que dans cette supposition cette science ne fût infiniment honorée, et que les écrivains excellents en ce genre ne fussent du moins, par l'équitable et reconnoissante postérité, mis au rang des Solon, des Lycurgue et des Confucius ?

Mais, répliquera-t-on, l'imperfection de la morale et la lenteur de ses progrès ne peuvent être qu'un effet du peu de proportion qui se trouve entre l'estime accordée aux moralistes et les efforts d'esprit nécessaires pour perfectionner cette science. L'intérêt général, ajoutera-t-on, ne préside donc pas à la distribution de l'estime publique.

Pour répondre à cette objection, il faut, dans les obstacles insurmontables qui se sont jusqu'à présent opposés à l'avancement de la morale, chercher les causes de l'indifférence avec laquelle on a jusqu'à présent regardé une science dont les progrès annoncent toujours ceux de la législation, et que par conséquent tous les peuples ont intérêt de perfectionner.

CHAPITRE XXIII.

Des causes qui, jusqu'à présent, ont retardé les progrès de la morale.

S1 la poésie, la géométrie, l'astronomie, et généralement toutes les sciences, tendent plus ou moins rapidement à leur perfection, lorsque la morale semble à peine sortir du berceau, c'est que les hommes, forcés, en se rassemblant en société, de se donner et des lois et des mœurs, ont dû se faire un système de morale avant que l'observation leur en eût découvert les vrais principes. Le système fait, l'on a cessé d'observer : aussi nous n'avons, pour ainsi dire, que la morale de l'enfance du monde; et comment la perfectionner?

Pour hâter les progrès d'une science, il ne suffit pas que cette science soit utile au public, il faut que chacun des citoyens qui composent une nation trouve quelque avantage à la perfectionner. Or, dans les révolutions qu'ont éprouvées tous les peuples de la terre, l'intérêt public, c'est-à-dire celui du plus grand nombre, sur lequel doivent toujours être appuyés les principes d'une bonne morale, ne s'étant pas toujours trouvé conforme à l'intérêt du plus puissant, ce dernier, indifférent aux progrès des autres sciences, a dû s'opposer efficacement à ceux de la morale.

L'ambitieux, en effet, qui s'est le premier élevé au-dessus de ses concitoyens, le tyran qui les a foulés à ses pieds, le fanatique qui les y tient prosternés, tous ces divers fléaux de l'humanité, toutes ces différentes especes de scélérats, forcés par leur intérêt particulier d'établir des lois contraires au bien général, ont bien senti que leur puissance n'avoit pour fondement que l'ignorance et l'imbécillité humaine : aussi ont-ils toujours imposé silence à quiconque, en découvrant aux nations les vrais principes de la morale, leur eût révélé tous leurs malheurs et tous leurs droits, et les eût armées contre l'injustice.

Mais, répliquera-t-on, si, dans les premiers siecles du monde, lorsque les despotes tenoient les nations asservies sous un sceptre de fer, il étoit alors de leur intérêt de voiler aux peuples les vrais principes de la morale, principes qui, les soulevant contre les tyrans, eussent fait à chaque citoyen un devoir de la vengeance : aujourd'hui que le sceptre n'est plus le prix du crime ; que, remis d'un consentement unanime entre les mains des princes, l'amour des peuples l'y conserve ; que la gloire et le bonheur d'une nation, réfléchis sur le souverain, ajoutent à sa grandeur et à sa félicité, quels ennemis de l'humanité, dira-t-on, s'opposent encore aux progrès de la morale ?

Ce ne sont plus les rois, mais deux autres especes d'hommes puissants. Les premiers sont les fanatiques ; et je ne les confonds point avec les hommes vraiment pieux : ceux-ci sont les soutiens des maximes de la religion ; ceux-là en sont les destructeurs : les uns sont amis de (1) l'humanité ; les

(1) Ils diroient volontiers aux persécuteurs comme les Scythes à Alexandre : *Tu n'es donc pas dieu, puisque tu*

autres, doux au dehors et barbares au dedans, ont la voix de Jacob et les mains d'Ésaü : indifférents aux actions honnêtes, ils se jugent vertueux, non sur ce qu'ils font, mais seulement sur ce qu'ils croient; la crédulité des hommes est selon eux l'unique mesure de leur probité (1). Ils haïssent mortellement, disoit la reine Christine, quiconque n'est pas leur

fais du mal aux hommes. Si les chrétiens, à l'occasion de Saturne ou du Moloch carthaginois, auquel on sacrifioit des hommes, ont tant de fois répété que la cruauté d'une pareille religion étoit une preuve de sa fausseté; combien de fois nos prêtres fanatiques n'ont-ils pas donné lieu aux hérétiques de rétorquer contre eux cet argument ! Parmi nous que de prêtres de Moloch !

(1) Aussi ont-ils toutes les peines du monde à convenir de la probité d'un hérétique.

dupe; et leur intérêt les y nécessite: ambitieux, hypocrites et discrets, ils sentent que, pour s'asservir les peuples, ils doivent les aveugler: aussi ces impies crient-ils sans cesse à l'impiété contre tout homme né pour éclairer les nations; toute vérité nouvelle leur est suspecte: ils ressemblent aux enfants que tout effraie dans les ténebres.

La seconde espece d'hommes puissants qui s'opposent aux progrès de la morale sont les demi-politiques. Entre ceux-ci il en est qui, naturellement portés au vrai, ne sont ennemis des vérités nouvelles que parcequ'ils sont paresseux, et qu'ils voudroient se soustraire à la fatigue d'attention nécessaire pour les examiner. Il en est d'autres qu'animent des motifs dangereux, et ceux-ci sont les plus à craindre; ce sont des hommes dont l'esprit est dépourvu de talents et l'ame de vertus, auxquels, pour être de grands scélérats, il ne manque que du courage : incapables de vues élevées et neuves, ces derniers croient que leur considération tient au respect imbécille ou feint qu'ils affichent pour toutes les opinions et les erreurs reçues : furieux contre tout homme qui veut en ébranler l'empire, ils arment (1) contre lui les passions et les préjugés mêmes qu'ils méprisent, et

---

(1) L'intérêt est toujours le motif caché de la persécution : nul doute que l'intolérance ne soit chrétiennement et politiquement un mal : on n'en est point à se repentir de la révocation de l'édit de Nantes. Ces disputes, dira-t-on, sont dangereuses. Oui, quand l'autorité y prend part; alors l'intolérance d'un parti force quelquefois l'autre à prendre les armes. Que le magistrat ne s'en mêle

ne cessent d'effaroucher les foibles esprits par le mot de *nouveauté*.

point, les théologiens s'accommoderont après s'être dit quelques injures. Ce fait est prouvé par la paix dont on jouit dans les pays tolérants. Mais, réplique-t-on, cette tolérance, convenable à certains gouvernements, seroit peut-être funeste à d'autres. Les Turcs, dont la religion est une religion de sang et le gouvernement une tyrannie, ne sont-ils pas encore plus tolérants que nous? On voit des églises à Constantinople, et point de mosquées à Paris; ils ne tourmentent point les Grecs sur leur croyance, et leur tolérance n'allume point de guerre.

A considérer cette question en qualité de chrétien, la persécution est un crime. Presque par-tout, l'évangile, les apôtres et les peres, prêchent la douceur et la tolérance. S. Paul et S. Chrysostome disent qu'un évêque doit s'acquitter de sa place en gagnant les hommes par la persuasion, et non par la contrainte. Les évê-

Comme si les vérités devoient bannir les vertus de la terre; que tout y ques, ajoutent-ils, ne regnent que sur ceux qui le veulent; bien différents en cela des rois, qui regnent sur ceux qui ne le veulent pas.

On condamna, en Orient, le concile qui avoit consenti à faire brûler Bogomile.

Quel exemple de modération S. Basile ne donna-t-il pas, dans le quatrieme siecle de l'église, lorsqu'on agitoit la question de la divinité du Saint-Esprit! question qui causoit alors tant de trouble. Ce saint, dit S. Grégoire de Nazianze, quoiqu'attaché à la vérité du dogme de la divinité du Saint-Esprit, consentit alors qu'on ne donnât point le titre de Dieu à la troisieme personne de la Trinité.

Si cette condescendance si sage, suivant le sentiment de M. de Tillemont, fut condamnée par quelques faux zélés; s'ils accuserent S. Basile de trahir la vérité par son silence, cette même condescen-

fût tellement à l'avantage du vice, qu'on ne pût être vertueux sans être

dance fut approuvée par les hommes les plus célebres et les plus pieux de ce temps-là, entre autres par le grand S. Athanase, que l'on ne soupçonnoit point de manquer de fermeté.

Ce fait est détaillé dans M. de Tillemont, *Vie de S. Basile*, art. 63, 64 et 65. Cet auteur ajoute que le concile œcuménique de Constantinople approuva la conduite de S. Basile en l'imitant.

S. Augustin dit qu'on ne doit ni condamner ni punir celui qui n'a pas de Dieu la même idée que nous, à moins, dit-il, que ce ne fût par haine pour Dieu; ce qui est impossible. S. Athanase, dans ses épitres *ad solitarios*, tome I, p. 855, dit que les persécutions des ariens sont la preuve qu'ils n'ont ni piété ni crainte de Dieu. Le propre de la piété, ajoute-t-il, est de persuader, et non de contraindre; il faut prendre exemple sur le Sauveur, qui laisse à chacun la liberté de le sui-

imbécille; que la morale en démontrât la nécessité, et que l'étude de vre. Il dit plus haut, p. 830, que, pour faire adopter ses opinions, le diable, pere du mensonge, a besoin de haches et de cognées : mais le Sauveur est la douceur même : il frappe; si on ouvre, il entre; si on le refuse, il se retire. Ce n'est point avec des épées, des dards, des prisons, des soldats, et enfin à main armée, qu'on enseigne la vérité, mais par la voix de la persuasion.

On n'a réellement recours à la force qu'au défaut de raisons. Qu'un homme nie que les trois angles d'un triangle sont égaux à deux droits, on en rit, on ne le persécute point. Le feu et les gibets ont souvent servi d'arguments aux théologiens; ils ont à cet égard donné prise sur eux aux hérétiques et aux incrédules. Jésus-Christ ne faisoit violence à personne; il disoit seulement : *Voulez-vous me suivre?* L'intérêt n'a pas toujours permis à ses ministres d'imiter sa modération.

cette science devînt par conséquent funeste à l'univers; ils veulent qu'on tienne les peuples prosternés devant les préjugés reçus comme devant les crocodiles sacrés de Memphis. Fait-on quelque découverte en morale? C'est à nous seuls, disent-ils, qu'il faut la révéler; nous seuls, à l'exemple des initiés de l'Égypte, devons en être les dépositaires: que le reste des humains soit enveloppé des ténebres du préjugé; l'état naturel de l'homme est l'aveuglement.

Assez semblables à ces médecins qui, jaloux de la découverte de l'é-métique, abuserent de la crédulité de quelques prélats pour excommunier un remede dont les secours sont si prompts et si salutaires, ils abusent de la crédulité de quelques hommes honnêtes, mais dont la probité stupide et séduite pourroit, sous un gouvernement moins sage, traîner au supplice la probité éclairée d'un Socrate.

Tels sont les moyens dont se sont servies ces deux especes d'hommes pour imposer silence aux esprits éclairés. En vain, pour leur résister, s'appuieroit-on de la faveur publique. Lorsqu'un citoyen est animé de la passion de la vérité et du bien général, je sais qu'il s'exhale toujours de son ouvrage un parfum de vertu qui le rend agréable au public, et que ce public devient son protecteur : mais comme sous le bouclier de la reconnoissance et de l'estime publique on n'est pas à l'abri des persécutions de ces fanatiques, parmi les gens sages il en est très peu d'assez vertueux pour oser braver leur fureur.

Voilà quels obstacles insurmontables se sont jusqu'à présent opposés aux progrès de la morale, et pourquoi cette science, presque toujours inutile, a, conséquemment à mes principes, toujours mérité peu d'estime.

Mais ne peut-on faire sentir aux nations l'utilité qu'elles tireroient d'une excellente morale? et ne pourroit-on pas hâter les progrès de cette science en honorant davantage ceux qui la cultivent? Vu l'importance de la matiere, au risque d'une digression, je vais traiter ce sujet.

CHAPITRE XXIV.

Des moyens de perfectionner la morale.

Il suffit pour cet effet de lever les obstacles que mettent à ses progrès les deux especes d'hommes que j'ai citées. L'unique moyen d'y réussir est de les démasquer; de montrer, dans les protecteurs de l'ignorance, les plus cruels ennemis de l'humanité; d'apprendre aux nations que les hommes sont en général encore plus stupides que méchants; qu'en les guérissant de leurs erreurs, on les guériroit de la plupart de leurs vices; et que s'opposer à cet égard à leur guérison, c'est commettre un crime de lese-humanité.

Tout homme qui, dans l'histoire,

considere le tableau des miseres publiques s'apperçoit bientôt que c'est l'ignorance qui, plus barbare encore que l'intérêt, a versé le plus de calamités sur la terre. Frappé de cette vérité, on est toujours tenté de s'écrier: Heureuse la nation où du moins les citoyens ne se permettroient que des crimes d'intérêt! Combien l'ignorance les multiplie-t-elle! que de sang n'a-t-elle pas fait répandre sur les autels (1)! Cependant l'homme est fait

(1) Un roi du Mexique, dans la consécration d'un temple, fit sacrifier, en quatre jours, six mille quatre cents huit hommes, au rapport de Gemelli Carreri, tome VI, page 56.

Dans l'Inde, les brachmanes de l'école de Niagam profiterent de leur faveur auprès des princes pour faire massacrer les baudhistes dans plusieurs royaumes: ces baudhistes sont athées, et les autres

pour être vertueux : en effet, si c'est dans le plus grand nombre que réside essentiellement la force, et dans la

déistes. Balta fut le prince qui fit répandre le plus de sang : pour se purifier de ce crime, il se brûla en grande solemnité sur la côte d'Oricha. Il est à remarquer que ce furent les déistes qui firent couler le sang humain. *Voyez les lettres du P. Pont, jésuite.*

Les prêtres de Meroé, dans l'Éthiopie, dépêchoient, quand il leur plaisoit, un courier au roi pour lui ordonner de mourir. *Voyez Diodore.*

Quiconque tue le roi de Sumatra est élu roi. C'est, disent les peuples, par cet assassinat que le ciel déclare ses volontés. Chardin rapporte qu'il a entendu un prédicateur qui, déclamant sur le faste des sophis, disoit qu'ils étoient athées à brûler ; qu'il s'étonnoit qu'on les laissât vivre ; et que de tuer un sophi étoit une action plus agréable à Dieu que de con-

pratique des actions utiles au plus grand nombre que consiste la justice, il est évident que la justice est, par sa nature, toujours armée du pouvoir nécessaire pour réprimer le vice et nécessiter les hommes à la vertu.

Si le crime audacieux et puissant met si souvent à la chaîne la justice et la vertu, et s'il opprime les nations,

server la vie à dix hommes de bien. Combien de fois a-t-on fait parmi nous le même raisonnement !

C'est sans doute à la vue de tant de sang répandu par le fanatisme que l'abbé de Longuerue, si profond dans l'histoire, disoit que si l'on mettoit, dans les deux bassins d'une balance, le bien et le mal que les religions ont fait, le mal l'emporteroit sur le bien. Tome 1, page 11.

Ne prenez point de maison, dit à ce sujet une sentence persane, *dans un quartier dont le menu peuple soit ignorant et dévot.*

ce n'est que par le secours de l'ignorance; c'est elle qui, cachant à chaque nation ses véritables intérêts, empêche l'action et la réunion de ses forces, et met par ce moyen le coupable à l'abri du glaive de l'équité.

A quel mépris faut-il donc condamner quiconque veut retenir les peuples dans les ténebres de l'ignorance! On n'a point jusqu'à présent assez fortement insisté sur cette vérité : non qu'on doive renverser en un jour tous les autels de l'erreur : je sais avec quel ménagement on doit avancer une opinion nouvelle; je sais même qu'en les détruisant on doit respecter les préjugés, et qu'avant d'attaquer une erreur généralement reçue, il faut envoyer, comme les colombes de l'arche, quelques vérités à la découverte, pour voir si le déluge des préjugés ne couvre point encore la face du monde;

si les erreurs commencent à s'écouler; et si l'on apperçoit çà et là pointer dans l'univers quelques îles où la vertu et la vérité puissent prendre terre pour se communiquer aux hommes.

Mais tant de précautions ne se prennent qu'avec des préjugés peu dangereux. Que doit-on à des hommes qui, jaloux de la domination, veulent abrutir les peuples pour les tyranniser? Il faut, d'une main hardie, briser le talisman d'imbécillité auquel est attachée la puissance de ces génies malfaisants, découvrir aux nations les vrais principes de la morale, leur apprendre qu'insensiblement entraînées vers le bonheur apparent ou réel, la douleur et le plaisir sont les seuls moteurs de l'univers moral, et que le sentiment de l'amour de soi est la seule base sur laquelle on puisse jeter les fondements d'une morale utile.

Comment se flatter de dérober aux hommes la connoissance de ce principe ? Pour y réussir il faut donc leur défendre de sonder leurs cœurs, d'examiner leur conduite, d'ouvrir ces livres d'histoire où l'on voit les peuples de tous les siecles et de tous les pays, uniquement attentifs à la voix du plaisir, immoler leurs semblables, je ne dis pas à de grands intérêts, mais à leur sensualité et à leur amusement. J'en prends à témoin et ces viviers où la gourmandise barbare des Romains noyoit des esclaves, et les donnoit en pâture à leurs poissons pour en rendre la chair plus délicate ; et cette île du Tibre où la cruauté des maîtres transportoit les esclaves infirmes, vieux et malades, et les y laissoit périr dans le supplice de la faim : j'en atteste encore les débris de ces vastes et superbes arênes où sont gravés les fastes de la barbarie humaine; où le peuple le plus policé de l'univers sacrifioit des milliers de gladiateurs au seul plaisir que produit le spectacle des combats; où les femmes accouroient en foule; où ce sexe, nourri dans le luxe, la mollesse et les plaisirs, ce sexe qui, fait pour l'ornement et les délices de la terre, semble ne devoir respirer que la volupté, portoit la barbarie au point d'exiger des gladiateurs blessés de tomber en mourant dans une attitude agréable. Ces faits, et mille autres pareils, sont trop avérés pour se flatter d'en dérober aux hommes la véritable cause. Chacun sait qu'il n'est pas d'une autre nature que les Romains, que la différence de son éducation produit la différence de ses sentiments, et le fait frémir au seul récit d'un spectacle que l'habitude lui eût sans doute rendu agréable s'il fût né sur les bords du Tibre. En vain quelques hommes, dupes de leur paresse à s'examiner, et de leur vanité à se croire bons, s'imaginent devoir à l'excellence particuliere de leur nature les sentiments humains dont ils seroient affectés à un pareil spectacle; l'homme sensé convient que la nature, comme le dit Pascal (1), et comme le prouve l'expérience, n'est rien autre chose que notre premiere habitude. Il est donc absurde de vouloir cacher aux hommes le principe qui les meut.

Mais supposons qu'on y réussît, quel avantage en retireroient les nations? On ne feroit certainement que voiler aux yeux des gens grossiers le sentiment de l'amour de soi; on n'em-

(1) Sextus Empiricus avoit dit avant lui que nos principes naturels ne sont peut-être que nos principes accoutumés.

pêcheroit point l'action de ce sentiment sur eux; on n'en changeroit point les effets; les hommes ne seroient point autres qu'ils sont : cette ignorance ne leur seroit donc point utile. Je dis de plus qu'elle leur seroit nuisible : c'est en effet à la connoissance du principe de l'amour de soi que les sociétés doivent la plupart des avantages dont elles jouissent : cette connoissance, tout imparfaite qu'elle est encore, a fait sentir aux peuples la nécessité d'armer de puissance la main des magistrats ; elle a fait confusément appercevoir au législateur la nécessité de fonder sur la base de l'intérêt personnel les principes de la probité. Sur quelle autre base en effet pourroit-on les appuyer ? Seroit-ce sur les principes de ces fausses religions qui, dira-t-on, toutes fausses qu'elles sont, pourroient être utiles au bonheur temporel des hommes (1)? Mais la plupart de ces religions sont trop absurdes pour donner de pareilles étaies à la vertu. On ne l'appuiera pas non plus sur les principes de la vraie religion : non que la morale n'en soit excellente, que ses maximes n'élevent l'ame jusqu'à la sainteté, et ne la remplissent d'une joie intérieure, avant-goût de la joie céleste ; mais parceque ses principes ne pourroient convenir qu'au petit nombre de chrétiens répandus sur la terre; et qu'un philosophe, qui, dans ses écrits, est toujours censé parler à l'univers, doit donner à la vertu des fondements sur lesquels toutes les nations puissent également bâtir, et par conséquent

(1) Cicéron ne le pensoit pas, puisque, tout homme en place qu'il étoit, il croyoit devoir montrer au peuple le ridicule de la religion païenne.

l'édifier sur la base de l'intérêt personnel. Il doit se tenir d'autant plus fortement attaché à ce principe, que des motifs d'intérêt temporel, maniés avec adresse par un législateur habile, suffisent pour former des hommes vertueux. L'exemple des Turcs, qui, dans leur religion, admettent le dogme de la nécessité, principe destructif de toute religion, et qui peuvent en conséquence être regardés comme des déistes; l'exemple des Chinois matérialistes (1); celui des saducéens, qui nioient l'immortalité de l'ame, et qui recevoient chez les Juifs le titre de justes par excellence; enfin l'exemple des gymnosophistes, qui, toujours accusés d'athéisme et toujours respectés

(1) Le P. Le Comte et la plupart des jésuites conviennent que tous les lettrés sont athées. Le célebre abbé de Longuerue est de ce sentiment.

pour leur sagesse et leur retenue, remplissoient avec la plus grande exactitude les devoirs de la société : tous ces exemples et mille autres pareils prouvent que l'espoir ou la crainte des peines ou des plaisirs temporels sont aussi efficaces, aussi propres à former des hommes vertueux, que ces peines et ces plaisirs éternels qui, considérés dans la perspective de l'avenir, font communément une impression trop foible pour y sacrifier des plaisirs criminels, mais présents.

Comment ne donneroit-on pas la préférence aux motifs d'intérêt temporel? Ils n'inspirent aucune de ces pieuses et saintes cruautés que condamne (1) notre religion, cette loi

(1) Lorsque Bayle dit que la religion, humble, patiente et bienfaisante, dans les premiers siecles, est devenue depuis

d'amour et d'humanité, mais dont ses ministres ont fait si souvent usage; cruautés qui seront à jamais la honte

une religion ambitieuse et sanguinaire; qu'elle fait passer au fil de l'épée tout ce qui lui résiste; qu'elle appelle les bourreaux, invente les supplices, envoie des bulles pour exciter les peuples à la révolte, anime les conspirations, et enfin ordonne le meurtre des princes; Bayle prend l'œuvre de l'homme pour celui de la religion: et les chrétiens n'ont que trop souvent été des hommes. Lorsqu'ils étoient en petit nombre, ils ne parloient que de tolérance: leur nombre et leur crédit s'étant accrus, ils prêcherent contre la tolérance. Bellarmin dit à ce sujet que si les chrétiens ne détrônerent pas les Néron et les Dioclétien, ce n'est pas qu'ils n'en eussent le droit, mais ils n'en avoient pas la force: aussi faut-il convenir qu'ils en ont fait usage dès qu'ils l'ont pu. Ce fut à main armée que les empereurs dé-

des siecles passés, l'horreur et l'étonnement des siecles à venir.

De quelle surprise en effet ne doit point être saisi, et le citoyen vertueux, et le chrétien pénétré de cet esprit de charité tant recommandé dans l'évangile, lorsqu'il jette un coup-d'œil sur l'univers passé ! Il y voit différentes religions évoquer toutes le fanatisme, et s'abreuver de sang humain (1). Ici

truisirent le paganisme, qu'ils combattirent les hérésies, qu'ils prêcherent l'évangile aux Frisons, aux Saxons, et dans tout le Nord. Tous ces faits prouvent qu'on n'abuse que trop souvent des principes d'une religion sainte.

(1) Dans l'enfance du monde, le premier usage que l'homme fait de sa raison c'est de se créer des dieux cruels; c'est par l'effusion du sang humain qu'il pense se les rendre propices; c'est dans les entrailles palpitantes des vaincus qu'il lit

ce sont des chrétiens, libres, comme le prouve Warburton, d'exercer leur culte, s'ils n'eussent pas voulu dé-

les arrêts du destin. Après d'horribles imprécations, le Germain voue à la mort tous ses ennemis; son ame ne s'ouvre plus à la pitié, la commisération lui paroîtroit un sacrilege. Pour calmer la colere des néréides, des peuples policés attachent Andromede au rocher; pour appaiser Diane et s'ouvrir la route de Troie, Agamemnon lui-même traîne Iphigénie à l'autel, Calchas la frappe, et croit honorer les dieux.

Au lieu de cette note, on lit dans l'édition originale: Les païens n'accuserent pas d'abord les chrétiens d'assassinats ni d'incendies, mais ils les convainquirent, dit Tacite, du crime d'*insociabilité*; *crime*, ajoute l'historien, *qui leur fut toujours commun avec les Juifs, gens opiniâtres, attachés à leur croyance, et qui, pénétrés de l'esprit*

truire celui des idoles, qui, par leur intolérance, excitent la persécution des païens : là ce sont différentes sectes de chrétiens, acharnées les unes contre les autres, qui déchirent l'empire de Constantinople : plus loin s'éleve en Arabie une religion nouvelle ; elle commande aux Sarrasins de parcourir la terre le fer et la flamme à la main. Aux irruptions de ces barbares on voit succéder la guerre contre les infideles. Sous l'étendard des croisés, des nations entieres désertent l'Europe

de fanatisme, portoient aux autres nations une haine implacable. Plusieurs autres auteurs, cités dans Grotius, en portent le même témoignage. Abdas, évêque de Perse, renversa un temple de mages ; et son fanatisme excita une longue persécution contre les chrétiens, et des guerres cruelles entre les Romains et les Perses.

pour inonder l'Asie, pour exercer sur leur route les plus affreux brigandages, et courir s'ensevelir dans les sables de l'Arabie et de l'Égypte. C'est ensuite le fanatisme qui met les armes à la main des princes chrétiens ; il ordonne aux catholiques le massacre des hérétiques; il fait reparoître sur la terre ces tortures inventées par les Phalaris, les Busiris et les Néron ; il dresse, il allume en Espagne les bûchers de l'inquisition, tandis que les pieux Espagnols quittent leurs ports, traversent les mers, pour planter la croix et la désolation en Amérique(1).

(1) Aussi, dans une épître qu'on suppose adressée à Charles-Quint, on fait ainsi parler un Américain :

... Ce n'est point nous qui sommes les barbares:
Ce sont, seigneur, ce sont vos Cortez, vos Pizarres,
Qui, pour nous mettre au fait d'un système nouveau,
Assemblent contre nous le prêtre et le bourreau.

DISCOURS II, CHAP. XXIV. 131

Qu'on jette les yeux sur le nord, le midi, l'orient et l'occident du monde, par-tout on voit le couteau sacré de la religion levé sur le sein des femmes, des enfants, des vieillards ; et la terre, fumante du sang des victimes immolées aux faux dieux ou à l'Être suprême, n'offrir de toutes parts que le vaste, le dégoûtant et l'horrible charnier de l'intolérance. Or quel homme vertueux, et quel chrétien, si son ame tendre est remplie de la divine onction qui s'exhale des maximes de l'évangile, s'il est sensible aux plaintes des malheureux, et s'il a quelquefois essuyé leurs larmes, ne seroit point à ce spectacle touché de compassion pour l'humanité (1), et n'essaieroit

———

(1) C'est à l'occasion de la persécution, que Thémiste le sénateur, dans un écrit adressé à l'empereur Valens, lui dit : « Est-ce un crime de penser autrement

point de fonder la probité, non sur des principes aussi respectables que ceux de la religion, mais sur des principes dont il soit moins facile d'abuser, tels que sont les motifs d'intérêt personnel?

« que vous? Si les chrétiens sont divisés
« entre eux, les philosophes le sont bien.
« La vérité a une infinité de faces sous
« lesquelles on peut l'envisager. Dieu a
« gravé dans tous les cœurs du respect
« pour ses attributs; mais chacun est le
« maître de témoigner ce respect de la
« manière qu'il croit la plus agréable à la
« divinité : personne n'est en droit de le
« gêner sur ce point. »

S. Grégoire de Nazianze estimoit beaucoup ce Thémiste; c'est à lui qu'il écrit :
« Vous êtes le seul, ô Thémiste, qui lut-
« tiez contre la décadence des lettres;
« vous êtes à la tête des gens éclairés;
« vous savez philosopher dans les plus
« hautes places, joindre l'étude au pou-
« voir, et les dignités à la science. »

Sans être contraires aux principes de notre religion, ces motifs suffisent pour nécessiter les hommes à la vertu. La religion des païens, en peuplant l'olympe de scélérats, étoit, sans contredit, moins propre que la nôtre à former des hommes justes. Qui peut cependant douter que les premiers Romains n'aient été plus vertueux que nous? Qui peut nier que les maréchaussées n'aient désarmé plus de brigands que la religion; que l'Italien, plus dévot que le Français, n'ait, le chapelet en main, fait plus d'usage du stylet et du poison; et que, dans les temps où la dévotion est plus ardente et la police plus imparfaite, il ne se commette infiniment plus de crimes (1) que dans les siecles où la

(1) Il est peu de gens que la religion retienne. Que de crimes commis, même par ceux qui sont chargés de nous guider

dévotion s'attiédit et la police se perfectionne?

C'est donc uniquement par de bonnes lois (1) qu'on peut former des

dans les voies du salut! La S.-Barthélemi, l'assassinat de Henri III, le massacre des templiers, etc. etc. en sont la preuve.

(1) Eusebe, *Préparation évangélique*, liv. VI, chap. 10, rapporte ce fragment remarquable d'un philosophe syrien, nommé Bardezanes: *Apud Seras lex est qua cædes, scortatio, furtum, et simulachrorum cultus omnis prohibetur; quare, in amplissima regione, non templum videas, non lenam, non meretricem, non adulteram, non furem in jus raptum, non homicidam, non toxicum.* « Chez les Seres, la loi
« défend le meurtre, la fornication, le
« vol, et toute espece de culte religieux;
« de sorte que, dans cette vaste région,
« l'on ne voit ni temple, ni adultere, ni
« maquerelle, ni fille de joie, ni voleur,

hommes vertueux. Tout l'art du législateur consiste donc à forcer les hommes, par le sentiment de l'amour d'eux-mêmes, d'être toujours justes

« ni assassin, ni empoisonneur ». Preuve que les lois suffisent pour contenir les hommes.

On ne finiroit point si l'on vouloit donner la liste de tous les peuples qui, sans idée de Dieu, ne laissent pas de vivre en société, et plus ou moins heureusement, selon l'habileté plus ou moins grande de leur législateur. Je ne citerai que les noms de ceux qui les premiers s'offriront à ma mémoire.

Les Mariannais, avant qu'on leur prêchât l'évangile, n'avoient, dit le P. Jobien, jésuite, ni autels, ni temples, ni sacrifices, ni prêtres; ils avoient seulement chez eux quelques fourbes, nommés *macanas*, qui prédisoient l'avenir. Ils croient cependant un enfer et un paradis. L'enfer est une fournaise où le diable

les uns envers les autres. Or, pour composer de pareilles lois, il faut connoître le cœur humain, et préliminairement savoir que les hommes,

bat les ames avec un marteau, comme le fer dans la forge: le paradis est un lieu plein de coco, de sucre et de femmes. Ce n'est ni le crime ni la vertu qui ouvrent l'enfer ou le paradis; ceux qui meurent d'une mort violente ont l'enfer pour partage, et les autres le paradis. Le P. Jobien ajoute qu'au sud des îles Mariannes sont trente-deux îles habitées par des peuples qui n'ont absolument ni religion ni connoissance de la divinité, et qui ne s'occupent qu'à boire, manger, etc.

Les Caraïbes, au rapport de la Borde, employé à leur conversion, n'ont ni prêtres, ni autels, ni sacrifices, ni idée de la divinité. Ils veulent être bien payés par ceux qui veulent les faire chrétiens. Ils croient que le premier homme, nommé *Longuo*, avoit un gros nombril, d'où

sensibles pour eux seuls, indifférents pour les autres, ne sont nés ni bons ni méchants, mais prêts à être l'un ou l'autre, selon qu'un intérêt comsortirent les hommes. Ce Longuo est le premier agent : il avoit fait la terre sans montagnes, qui, selon eux, furent l'ouvrage d'un déluge. L'Envie fut une des premieres créatures ; elle répandit beaucoup de maux sur la terre : elle se croyoit très belle ; mais, ayant vu le soleil, elle alla se cacher, et ne parut plus que de nuit.

Les Chiriguanes ne reconnoissent aucune divinité. *Lettres édif.* recueil 24.

Les Giagues, selon le P. Cavassy, ne reconnoissent aucun être distinct de la matiere, et n'ont pas même dans leur langue de mot pour exprimer cette idée; leur seul culte est celui de leurs ancêtres, qu'ils croient toujours vivants ; ils s'imaginent que leur prince commande à la pluie.

Dans l'Indoustan, dit le P. Pons, jé-

mun les réunit ou les divise; que le sentiment de préférence que chacun éprouve pour soi, sentiment auquel est attachée la conservation de l'espece, est gravé par la nature d'une maniere ineffaçable (1); que la sensi-

suite, il est une secte de brachmanes qui pense que l'esprit s'unit à la matiere, et s'y embarrasse; que la sagesse, qui purifie l'ame, et qui n'est autre chose que la science de la vérité, produit la délivrance de l'esprit par le moyen de l'analyse. Or l'esprit, selon ces brachmanes, se dégage, tantôt d'une forme, tantôt d'une qualité, par ces trois vérités, *Je ne suis en aucune chose, aucune chose n'est en moi, le moi n'est point.* Lorsque l'esprit sera délivré de toutes ses formes, voilà la fin du monde. Ils ajoutent que, loin d'aider l'esprit à se dégager de ses formes, les religions ne font que serrer les liens dans lesquels il s'embarrasse.

(1) Le soldat et le corsaire desirent la

bilité physique a produit en nous l'amour du plaisir et la haine de la douleur; que le plaisir et la douleur ont ensuite déposé et fait éclore dans tous les cœurs le germe de l'amour de soi, dont le développement a donné naissance aux passions, d'où sont sortis tous nos vices et toutes nos vertus.

C'est par la méditation de ces idées préliminaires qu'on apprend pourquoi les passions, dont l'arbre défendu n'est, selon quelques rabbins, qu'une ingénieuse image, portent également sur leur tige les fruits du bien et du mal; qu'on apperçoit le méchanisme qu'elles emploient à la production de nos vices et de nos vertus; et qu'enfin un législateur dé-

guerre; et personne ne leur en fait un crime. On sent qu'à cet égard leur intérêt n'est point assez lié à l'intérêt général.

couvre le moyen de nécessiter les hommes à la probité, en forçant les passions à ne porter que des fruits de vertu et de sagesse.

Or, si l'examen de ces idées, propres à rendre les hommes vertueux, nous est interdit par les deux especes d'hommes puissants cités ci-dessus, l'unique moyen de hâter les progrès de la morale seroit donc, comme je l'ai dit plus haut, de faire voir dans ces protecteurs de la stupidité les plus cruels ennemis de l'humanité, de leur arracher le sceptre qu'ils tiennent de l'ignorance, et dont ils se servent pour commander aux peuples abrutis. Sur quoi j'observerai que ce moyen, simple et facile dans la spéculation, est très difficile dans l'exécution ; non qu'il ne naisse des hommes qui à des esprits vastes et lumineux unissent des ames fortes et vertueuses. Il est des hommes qui, persuadés qu'un citoyen sans courage est un citoyen sans vertu, sentent que les biens et la vie même d'un particulier ne sont, pour ainsi dire, entre ses mains qu'un dépôt qu'il doit toujours être prêt de restituer lorsque le salut du public l'exige. Mais de pareils hommes sont toujours en trop petit nombre pour éclairer le public. D'ailleurs la vertu est toujours sans force lorsque les mœurs d'un siecle y attachent la rouille du ridicule. Aussi la morale et la législation, que je regarde comme une seule et même science, ne feront-elles que des progrès insensibles.

C'est uniquement le laps du temps qui pourra rappeler ces siecles heureux désignés par les noms d'Astrée ou de Rhée, qui n'étoient que l'ingénieux emblême de la perfection de ces deux sciences.

CHAPITRE XXV.

De la Probité par rapport à l'univers.

S'IL existoit une probité par rapport à l'univers, cette probité ne seroit que l'habitude des actions utiles à toutes les nations : or il n'est point d'action qui puisse immédiatement influer sur le bonheur ou le malheur de tous les peuples. L'action la plus généreuse, par le bienfait de l'exemple, ne produit pas dans le monde moral un effet plus sensible que la pierre jetée dans l'océan n'en produit sur les mers, dont elle élève nécessairement la surface.

Il n'est donc point de probité pratique par rapport à l'univers. A l'égard de la probité d'intention, qui se réduiroit au desir constant et habituel du bonheur des hommes, et par conséquent au vœu simple et vague de la félicité universelle, je dis que cette espece de probité n'est encore qu'une chimere platonicienne. En effet, si l'opposition des intérêts des peuples les tient les uns à l'égard des autres dans un état de guerre perpétuelle; si les paix conclues entre les nations ne sont proprement que des treves comparables au temps qu'après un long combat deux vaisseaux prennent pour se ragréer et recommencer l'attaque; si les nations ne peuvent étendre leurs conquêtes et leur commerce qu'aux dépens de leurs voisins; enfin si la félicité et l'agrandissement d'un peuple sont presque toujours attachés au malheur et à l'affoiblissement d'un autre; il est évident que la passion du patriotisme, passion si desirable, si vertueuse et si estimable dans un citoyen, est, comme le prouve l'exemple des Grecs et des Romains, absolument exclusive de l'amour universel.

Il faudroit, pour donner l'être à cette espece de probité, que les nations, par des lois et des conventions réciproques, s'unissent entre elles comme les familles qui composent un état; que l'intérêt particulier des nations fût soumis à un intérêt plus général; et qu'enfin l'amour de la patrie, en s'éteignant dans les cœurs, y allumât le feu de l'amour universel: supposition qui ne se réalisera de long-temps. D'où je conclus qu'il ne peut y avoir de probité pratique, ni même de probité d'intention, par rapport à l'univers; et c'est en ce point que l'esprit differe de la probité.

En effet, si les actions d'un particulier ne peuvent en rien contribuer au bonheur universel, et si les influences de sa vertu ne peuvent sensiblement s'étendre au-delà des limites d'un empire, il n'en est pas ainsi de ses idées. Qu'un homme découvre un spécifique, qu'il invente une machine, telle qu'un moulin à vent, ces productions de son esprit peuvent en faire un bienfaiteur du monde (1).

(1) Aussi l'esprit est-il le premier des avantages, et peut-il infiniment plus contribuer au bonheur des hommes que la vertu d'un particulier. C'est à l'esprit qu'il est réservé d'établir la meilleure législation, de rendre par conséquent les hommes le plus heureux qu'il est possible. Il est vrai que même le roman de cette législation n'est pas encore fait, et qu'il s'écoulera bien des siecles avant qu'on en réalise la fiction; mais enfin, en s'armant

D'ailleurs, en matiere d'esprit comme en matiere de probité, l'amour de la patrie n'est point exclusif de l'amour universel. Ce n'est point aux dépens de ses voisins qu'un peuple acquiert des lumieres : au contraire, plus les nations sont éclairées, plus elles se réfléchissent réciproquement d'idées, et plus la force et l'activité de l'esprit universel s'augmente. D'où je conclus que, s'il n'est point de probité relative à l'univers, il est du moins certains genres d'esprit qu'on peut considérer sous cet aspect.

de la patience de M. l'abbé de S.-Pierre, on peut prédire d'après lui que tout l'imaginable existera.

Il faut bien que les hommes sentent confusément que l'esprit est le premier des dons, puisque l'envie permet à chacun d'être le panégyriste de sa probité, et non de son esprit.

CHAPITRE XXVI.

De l'Esprit par rapport à l'univers.

L'ESPRIT, considéré sous ce point de vue, ne sera, conformément aux définitions précédentes, que l'habitude des idées intéressantes pour tous les peuples, soit comme instructives, soit comme agréables.

Ce genre d'esprit est sans contredit le plus desirable. Il n'est aucun temps où l'espece d'idées réputée *esprit* par tous les peuples ne soit vraiment digne de ce nom. Il n'en est pas ainsi du genre d'idées auquel une nation donne quelquefois le nom d'*esprit*. Il est pour chaque nation un temps de stupidité et d'avilissement, pendant lequel elle n'a point d'idées nettes de l'esprit ; elle prodigue alors ce nom à certains assemblages d'idées à la mode, et toujours ridicules aux yeux de la postérité. Ces siecles d'avilissement sont ordinairement ceux du despotisme. Alors, dit un poëte, Dieu prive les nations de la moitié de leur intelligence, pour les endurcir contre les miseres et le supplice de la servitude.

Parmi les idées propres à plaire à tous les peuples il en est d'instructives ; ce sont celles qui appartiennent à certains genres de science et d'art : mais il en est aussi d'agréables ; telles sont premièrement les idées et les sentiments admirés dans certains morceaux d'Homere, de Virgile, de Corneille, du Tasse, de Milton, dans lesquels, comme je l'ai déja dit, ces illustres écrivains ne s'arrêtent point à la peinture d'une nation ou d'un siecle en particulier, mais à celle de l'humanité; telles sont, en second lieu, les grandes images dont ces poëtes ont enrichi leurs ouvrages.

Pour prouver qu'en quelque genre que ce soit il est des beautés propres à plaire universellement, je choisis ces mêmes images pour exemple, et je dis que la grandeur est dans les tableaux poétiques une cause universelle de plaisir (1): non que tous les

(1) Si les grands tableaux ne nous frappent pas toujours fortement, ce manque d'effet dépend ordinairement d'une cause étrangere à leur grandeur. C'est le plus souvent parceque ces tableaux se trouvent unis dans notre mémoire à quelque objet désagréable. Sur quoi j'observerai qu'il est très rare, à la lecture d'une description poétique, de recevoir uniquement l'impression pure que doit faire sur nous la vue exacte de cette image. Tous les objets

hommes en soient également frappés; il en est même d'insensibles aux beautés de la description comme aux charmes de l'harmonie, et qu'il seroit

participent à la laideur ainsi qu'à la beauté des objets auxquels ils sont le plus communément unis. C'est à cette cause qu'on doit attribuer la plupart de nos dégoûts et de nos enthousiasmes injustes. Un proverbe usité dans les places publiques, fût-il d'ailleurs excellent, nous paroît toujours bas, parcequ'il se lie nécessairement dans notre mémoire à l'image de ceux qui s'en servent.

Peut-on douter que, par la même raison, les contes d'esprits et de revenants ne redoublent pendant la nuit aux yeux du voyageur égaré les horreurs d'une forêt; que, sur les Pyrénées, au milieu des déserts, des abymes et des rochers, l'imagination, frappée de l'estampe du combat des Titans, ne croie y reconnoître les montagnes d'Ossa et de Pélion, et

à cet égard aussi injuste qu'inutile de vouloir désabuser. Ils ont, par leur insensibilité, acquis le droit malheureux de nier un plaisir qu'ils

ne regarde avec frayeur le champ de bataille de ces géants? Qui doute que le souvenir de ce bocage décrit par le Camoëns, où les nymphes, nues, fugitives, et poursuivies par les desirs ardents, tombent aux pieds des Portugais, où l'amour étincelle en leurs yeux, circule en leurs veines, où les paroles se confondent, où l'on n'entend enfin que le murmure des soupirs de l'amour heureux; qui doute, dis-je, que le souvenir d'une description si voluptueuse n'embellisse à jamais tous les bocages?

Voilà la raison pour laquelle il est si difficile de séparer du plaisir total que nous recevons à la présence d'un objet tous les plaisirs particuliers qui sont, pour ainsi dire, réfléchis de la part des objets auxquels ils se trouvent unis.

n'éprouvent pas. Mais ces hommes sont en petit nombre.

En effet, soit que le desir habituel et impatient de la félicité, qui nous fait souhaiter toutes les perfections comme des moyens d'accroître notre bonheur, nous rende agréables tous ces grands objets, dont la contemplation semble donner plus d'étendue à notre ame, plus de force et d'élévation à nos idées, soit que par eux-mêmes les grands objets fassent sur nos sens une impression plus forte, plus continue et plus agréable, soit enfin quelque autre cause, nous éprouvons que la vue hait tout ce qui la resserre; qu'elle se trouve gênée dans les gorges d'une montagne ou dans l'enceinte d'un grand mur; qu'elle aime, au contraire, à parcourir une vaste plaine, à s'étendre sur la surface des mers, à se perdre dans un horizon reculé.

Tout ce qui est grand a droit de plaire aux yeux et à l'imagination des hommes : cette espece de beauté l'emporte infiniment dans les descriptions sur toutes les autres beautés, qui, dépendantes, par exemple, de la justesse des proportions, ne peuvent être ni aussi vivement ni aussi généralement senties, puisque toutes les nations n'ont pas les mêmes idées des proportions.

En effet, si l'on oppose aux cascades que l'art proportionne, aux souterrains qu'il creuse, aux terrasses qu'il éleve, les cataractes du fleuve S.-Laurent, les cavernes creusées dans l'Etna, les masses énormes de rochers entassés sans ordre sur les Alpes, ne sent-on pas que le plaisir produit par cette prodigalité, cette magnificence rude et grossiere que la nature met dans tous ses ouvrages, est infiniment supérieur au plaisir qui résulte de la justesse des proportions?

Pour s'en convaincre, qu'un homme monte la nuit sur une montagne pour y contempler le firmament : quel est le charme qui l'y attire ? est-ce la symmétrie agréable dans laquelle les astres sont rangés ? Mais ici, dans la voie lactée, ce sont des soleils sans nombre, amoncelés sans ordre les uns sur les autres ; là ce sont de vastes déserts. Quelle est donc la source de ses plaisirs ? l'immensité même du ciel. En effet quelle idée se former de cette immensité, lorsque des mondes enflammés ne paroissent que des points lumineux semés çà et là dans les plaines de l'éther, lorsque des soleils plus avant engagés dans les profondeurs du firmament n'y sont apperçus qu'avec peine ? L'imagination qui s'élance de ces dernieres spheres pour parcourir tous les mondes possibles ne doit-elle pas s'engloutir dans les vastes et immensurables concavités des cieux, se plonger dans le ravissement que produit la contemplation d'un objet qui occupe l'ame tout entiere, sans cependant la fatiguer ? C'est aussi la grandeur de ces décorations qui dans ce genre a fait dire que l'art étoit si inférieur à la nature : ce qui, en termes intelligibles, ne signifie rien autre chose, sinon que les grands tableaux nous paroissent préférables aux petits.

Dans les arts susceptibles de ce genre de beauté, tels que la sculpture, l'architecture et la poésie, c'est l'énormité des masses qui place le colosse de Rhodes et les pyramides de

Memphis au rang des merveilles du monde. C'est la grandeur des descriptions qui nous fait regarder Milton du moins comme l'imagination la plus forte et la plus sublime. Aussi son sujet, peu fertile en beautés d'une autre espece, l'étoit-il infiniment en beautés de descriptions. Devenu par ce sujet l'architecte du paradis terrestre, il avoit à rassembler dans le court espace du jardin d'Eden toutes les beautés que la nature a dispersées sur la terre pour l'ornement de mille climats divers. Porté par le choix de ce même sujet sur les bords de l'abyme informe du chaos, il avoit à en tirer cette matiere premiere propre à former l'univers, à creuser le lit des mers, à couronner la terre de montagnes, à la couvrir de verdure, à mouvoir les soleils, à les allumer, à déployer autour d'eux le pavillon des cieux, à peindre enfin la beauté du premier jour du monde, et cette fraîcheur printaniere dont sa vive imagination embellit la nature nouvellement éclose. Il avoit donc non seulement à nous présenter les plus grands tableaux, mais encore les plus neufs et les plus variés, qui, pour l'imagination des hommes, sont encore deux causes universelles de plaisir.

Il en est de l'imagination comme de l'esprit : c'est par la contemplation et la combinaison, soit des tableaux de la nature, soit des idées philosophiques, que, perfectionnant leur imagination ou leur esprit, les poëtes et les philosophes parviennent également à exceller dans des genres très différents, et dans lesquels il est également rare, et peut-être également difficile, de réussir.

Quel homme, en effet, ne sent pas

que la marche de l'esprit humain doit être uniforme, à quelque science ou à quelque art qu'on l'applique? Si, pour plaire à l'esprit, dit M. de Fontenelle, il faut l'occuper sans le fatiguer; si l'on ne peut l'occuper qu'en lui offrant de ces vérités nouvelles, grandes et premieres, dont la nouveauté, l'importance et la fécondité fixent fortement son attention; si l'on n'évite de le fatiguer qu'en lui présentant des idées rangées avec ordre, exprimées par les mots les plus propres, dont le sujet soit un, simple, et par conséquent facile à embrasser, et où la variété se trouve identifiée à la simplicité (1); c'est pareillement à la triple combinaison de la grandeur,

(1) Il est bon de remarquer que la simplicité dans un sujet et dans une image est une perfection relative à la foiblesse de notre esprit.

de la nouveauté, de la variété et de la simplicité dans les tableaux, qu'est attaché le plus grand plaisir de l'imagination. Si, par exemple, la vue ou la description d'un grand lac nous est agréable, celle d'une mer calme et sans bornes nous est sans doute plus agréable encore; son immensité est pour nous la source d'un plus grand plaisir. Cependant, quelque beau que soit ce spectacle, son uniformité devient bientôt ennuyeuse. C'est pourquoi, si, enveloppée de nuages noirs, et portée par les aquilons, la tempête, personnifiée par l'imagination du poëte, se détache du midi, en roulant devant elle les mobiles montagnes des eaux; qui doute que la succession rapide, simple et variée, des tableaux effrayants que présente le bouleversement des mers, ne fasse à chaque instant sur notre imagination des impressions nouvelles, ne fixe fortement notre attention, ne nous occupe sans nous fatiguer, et ne nous plaise par conséquent davantage? Mais, si la nuit vient encore redoubler les horreurs de cette même tempête, et que les montagnes d'eau dont la chaîne termine et cintre l'horizon soient à l'instant éclairées par les lueurs répétées et réfléchies des éclairs et des foudres ; qui doute que cette mer obscure, changée tout-à-coup en une mer de feu, ne forme, par la nouveauté, unie à la grandeur et à la variété de cette image, un des tableaux les plus propres à étonner notre imagination? Aussi l'art du poëte, considéré purement comme descripteur, est de n'offrir à la vue que des objets en mouvement, et même, s'il le peut, de frapper dans ses descriptions plusieurs sens à-la-fois. La peinture du mugissement des eaux, du sifflement des vents, et des éclats du tonnerre, pourroit-elle ne pas ajouter encore à la terreur secrete, et par conséquent au plaisir que nous fait éprouver le spectacle d'une mer en furie ? Au retour du printemps, lorsque l'aurore descend dans les jardins de Marly pour entr'ouvrir le calice des fleurs, en cet instant les parfums qu'elles exhalent, le gazouillement de mille oiseaux, le murmure des cascades, n'augmentent-ils pas encore le charme de ces bosquets enchantés? Tous les sens sont autant de portes par lesquelles les impressions agréables peuvent entrer dans nos ames : plus on en ouvre à-la-fois, plus il y pénetre de plaisir.

On voit donc que, s'il est des idées généralement utiles aux nations comme instructives (telles sont celles qui appartiennent directement aux sciences), il en est aussi d'universellement utiles comme agréables ; et que, différent en ce point de la probité, l'esprit d'un particulier peut avoir des rapports avec l'univers entier.

La conclusion de ce discours c'est que, tant en matiere d'esprit qu'en matiere de morale, c'est toujours, de la part des hommes, l'amour ou la reconnoissance qui loue, la haine ou la vengeance qui méprise. L'intérêt est donc le seul dispensateur de leur estime : l'esprit, sous quelque point de vue qu'on le considere, n'est donc jamais qu'un assemblage d'idées neuves, intéressantes, et par conséquent utiles aux hommes, soit comme instructives, soit comme agréables.

DE L'ESPRIT.

DISCOURS III.

Si l'Esprit doit être considéré comme un don de la nature, ou comme un effet de l'éducation.

CHAPITRE I.

Je vais examiner dans ce discours ce que peuvent sur l'esprit la nature et l'éducation : pour cet effet je dois d'abord déterminer ce qu'on entend par le mot *nature*.

Ce mot peut exciter en nous l'idée confuse d'un être ou d'une force qui nous a doués de tous nos sens : or les sens sont les sources de toutes nos idées. Privés d'un sens nous sommes privés de toutes les idées qui y sont relatives. Un aveugle-né n'a, par cette raison, aucune idée des couleurs. Il est donc évident que, dans cette signification, l'esprit doit être en entier considéré comme un don de la nature.

Mais, si l'on prend ce mot dans une acception différente, et si l'on suppose qu'entre les hommes bien conformés, doués de tous leurs sens, et dans l'organisation desquels on n'apperçoit aucun défaut, la nature cependant ait mis de si grandes différences, et des dispositions si inégales à l'esprit, que les uns soient organisés pour être stupides, et les autres pour être spirituels, la question devient plus délicate.

J'avoue qu'on ne peut d'abord considérer la grande inégalité d'esprit des hommes sans admettre entre les esprits la même différence qu'entre les corps, dont-les uns sont foibles et délicats, lorsque les autres sont forts et robustes. Qui pourroit, dira-t-on, à cet égard occasionner des différences dans la maniere uniforme dont la nature opere?

Ce raisonnement, il est vrai, n'est fondé que sur une analogie. Il est assez semblable à celui des astronomes qui concluroient que le globe de la lune est habité, parcequ'il est composé d'une matiere à-peu-près pareille au globe de la terre.

Quelque foible que ce raisonnement soit en lui-même, il doit cependant paroître démonstratif; car enfin, dira-t-on, à quelle cause attribuer la grande inégalité d'esprit qu'on remarque entre des hommes qui semblent avoir eu la même éducation?

Pour répondre à cette objection il faut d'abord examiner si plusieurs hommes peuvent, à la rigueur, avoir eu la même éducation; et, pour cet effet, fixer l'idée qu'on attache au mot *éducation*.

Si par éducation on entend simplement celle qu'on reçoit dans les mêmes lieux et par les mêmes maîtres, en ce sens l'éducation est la même pour une infinité d'hommes.

Mais, si l'on donne à ce mot une signification plus vraie et plus étendue, et qu'on y comprenne généralement tout ce qui sert à notre instruction, alors je dis que personne ne reçoit la même éducation, parceque chacun a, si je l'ose dire, pour précepteurs, et la forme du gouvernement sous lequel il vit, et ses amis, et ses maîtresses, et les gens dont il est entouré, et ses lectures, et enfin le hasard, c'est-à-dire une infinité d'évènements dont notre ignorance ne nous permet pas d'appercevoir l'enchaînement et les causes. Or ce hasard a plus de part qu'on ne pense à notre éducation. C'est lui qui met certains objets sous nos yeux, nous occasionne en conséquence les idées les plus heureuses, et nous conduit quelquefois aux plus grandes découvertes. Ce fut le hasard, pour en donner quelques exemples, qui guida Galilée dans les jardins de Florence lorsque les jardiniers en faisoient jouer les pompes; ce fut lui qui inspira ces jardiniers, lorsque, ne pouvant élever les eaux au-dessus de la hauteur de trente-deux pieds, ils en demanderent la cause à Galilée, et piquerent par cette question l'esprit et la vanité de ce philosophe; ce fut ensuite sa vanité, mise en action par ce coup du hasard, qui l'obligea à faire de cet effet naturel l'objet de ses méditations, jusqu'à ce qu'enfin il eût, par la découverte du principe de la pesanteur de l'air, trouvé la solution de ce problême.

Dans un moment où l'ame paisible de Newton n'étoit occupée d'aucune affaire, agitée d'aucune passion, c'est pareillement le hasard qui, l'attirant sous une allée de pommiers, détacha quelques fruits de leurs branches; et donna à ce philosophe la premiere idée de son systême. C'est réellement de ce fait qu'il partit pour examiner si la lune ne gravitoit pas vers la terre avec la même force que les corps tombent sur sa surface. C'est donc au hasard que les grands génies ont dû souvent les idées les plus heureuses. Combien de gens d'esprit restent confondus dans la foule des hommes médiocres, faute, ou d'une certaine tranquillité d'ame, ou de la rencontre d'un jardinier, ou de la chûte d'une pomme !

Je sens qu'on ne peut d'abord sans quelque peine attribuer de si grands effets à des causes si éloignées et si petites en apparence (1). Cependant

---

(1) On lit dans l'*Année littéraire* que Boileau, encore enfant, jouant dans une cour, tomba. Dans sa chûte sa jaquette se retrousse ; un dindon lui donne plusieurs coups de bec sur une partie très délicate. Boileau en fut toute sa vie incommodé : et de là, peut-être, cette sévérité de mœurs, cette disette de sentiment, qu'on remarque dans tous ses ouvrages ; de là sa satyre contre les femmes, contre Lulli, Quinault, et contre toutes les poésies galantes.

Peut-être son antipathie contre les din-

l'expérience nous apprend que, dans le physique comme dans le moral, les plus grands évènements sont souvent l'effet de causes presque imperceptibles. Qui doute qu'Alexandre n'ait dû en partie la conquête de la Perse à l'instituteur de la phalange macédonienne ; que le chantre d'Achille, animant ce prince de la fureur de la gloire, n'ait eu part à la destruction de l'empire de Darius, comme Quinte-Curce aux victoires de Charles XII ;

dons occasionna-t-elle l'aversion secrete qu'il eut toujours pour les jésuites, qui les ont apportés en France. C'est à l'accident qui lui étoit arrivé qu'on doit peut-être sa satyre sur l'équivoque, son admiration pour M. Arnaud, et son épître sur l'amour de Dieu : tant il est vrai que ce sont souvent des causes imperceptibles qui déterminent toute la conduite de la vie, et toute la suite de nos idées.

que les pleurs de Véturie n'aient désarmé Coriolan, n'aient affermi la puissance de Rome prête à succomber sous les efforts des Volsques, n'aient occasionné ce long enchaînement de victoires qui changerent la face du monde; et que ce ne soit par conséquent aux larmes de cette Véturie que l'Europe doit sa situation présente? Que de faits pareils ne pourroit-on pas citer (1)! Gustave, dit M. l'abbé

(1) Dans la minorité de Louis XIV, lorsque ce prince étoit prêt de se retirer en Bourgogne, ce fut, dit S.-Evremont, le conseil de M. de Turenne qui le retint à Paris, et qui sauva la France. Cependant un conseil si important, ajoute cet illustre auteur, fit moins d'honneur à ce général que la défaite de cinq cents cavaliers. Tant il est vrai qu'on attribue difficilement de grands effets à des causes qui paroissent éloignées et petites.

de Vertot, parcouroit vainement les provinces de la Suede; il erroit depuis plus d'un an dans les montagnes de la Dalécarlie. Les montagnards, quoique prévenus par sa bonne mine, par la grandeur de sa taille et la force apparente de son corps, ne se fussent cependant pas déterminés à le suivre, si, le jour même où ce prince harangua les Dalécarliens, les anciens de la contrée n'eussent remarqué que le vent du nord avoit toujours soufflé. Ce coup de vent leur parut un signe certain de la protection du ciel, et l'ordre d'armer en faveur du héros. C'est donc le vent du nord qui mit la couronne de Suede sur la tête de Gustave.

La plupart des évènements ont des causes aussi petites. Nous les ignorons, parceque la plupart des historiens les ont ignorées eux-mêmes, ou parcequ'ils n'ont pas eu d'yeux pour les appercevoir. Il est vrai qu'à cet égard l'esprit peut réparer leurs omissions : la connoissance de certains principes supplée facilement à la connoissance de certains faits. Ainsi, sans m'arrêter davantage à prouver que le hasard joue dans ce monde un plus grand rôle qu'on ne pense, je conclurai de ce que je viens de dire que, si l'on comprend sous le mot d'*éducation* généralement tout ce qui sert à notre instruction, ce même hasard doit nécessairement y avoir la plus grande part; et que, personne n'étant exactement placé dans le même concours de circonstances, personne ne reçoit précisément la même éducation.

Ce fait posé, qui peut assurer que la différence de l'éducation ne produise la différence qu'on remarque entre les esprits; que les hommes ne soient semblables à ces arbres de la même espece, dont le germe, indestructible et absolument le même, n'étant jamais semé exactement dans la même terre, ni précisément exposé aux mêmes vents, au même soleil, aux mêmes pluies, doit, en se développant, prendre nécessairement une infinité de formes différentes? Je pourrois donc conclure que l'inégalité d'esprit des hommes peut être indifféremment regardée comme l'effet de la nature ou de l'éducation. Mais, quelque vraie que fût cette conclusion, comme elle n'auroit rien que de vague, et qu'elle se réduiroit, pour ainsi dire, à un *peut-être*, je crois devoir considérer cette question sous un point de vue nouveau, la ramener à des principes plus certains et plus précis. Pour cet effet il faut réduire la question à des points simples, remonter jusqu'à l'origine de nos idées, au développement de l'esprit, et se rappeler que l'homme ne fait que sentir, se ressouvenir, et observer les ressemblances et les différences, c'est-à-dire les rapports qu'ont entre eux les objets divers qui s'offrent à lui, ou que sa mémoire lui présente; qu'ainsi la nature ne pourroit donner aux hommes plus ou moins de disposition à l'esprit, qu'en douant les uns préférablement aux autres d'un peu plus de finesse de sens, d'étendue de mémoire, et de capacité d'attention.

CHAPITRE II.

De la finesse des sens.

La plus ou moins grande perfection des organes des sens, dans laquelle se trouve nécessairement comprise celle de l'organisation intérieure, puisque je ne juge ici de la finesse des sens que par leurs effets, seroit-elle la cause de l'inégalité d'esprit des hommes?

Pour raisonner avec quelque justesse sur ce sujet, il faut examiner si le plus ou le moins de finesse des sens donne à l'esprit ou plus d'étendue, ou plus de cette justesse qui, prise dans sa vraie signification, renferme toutes les qualités de l'esprit.

La perfection plus ou moins grande

des organes des sens n'influe en rien sur la justesse de l'esprit, si les hommes, quelque impression qu'ils reçoivent des mêmes objets, doivent cependant toujours appercevoir les mêmes rapports entre ces objets. Or, pour prouver qu'ils les apperçoivent, je choisis le sens de la vue pour exemple, comme celui auquel nous devons le plus grand nombre de nos idées ; et je dis qu'à des yeux différents, si les mêmes objets paroissent plus ou moins grands ou petits, brillants ou obscurs ; si la toise, par exemple, est aux yeux de tel homme plus petite, la neige moins blanche, et l'ébene moins noire, qu'aux yeux de tel autre ; ces deux hommes appercevront néanmoins toujours les mêmes rapports entre tous les objets : la toise, en conséquence, paroîtra toujours à leurs yeux plus grande que le pied, la neige le plus blanc de tous les corps, et l'ébene le plus noir de tous les bois.

Or, comme la justesse d'esprit consiste dans la vue nette des véritables rapports que les objets ont entre eux, et qu'en répétant sur les autres sens ce que j'ai dit sur celui de la vue on arrivera toujours au même résultat, j'en conclus que la plus ou moins grande perfection de l'organisation, tant extérieure qu'intérieure, ne peut en rien influer sur la justesse de nos jugements.

Je dirai de plus que, si l'on distingue l'étendue de la justesse de l'esprit, le plus ou le moins de finesse des sens n'ajoutera rien à cette étendue. En effet, en prenant toujours le sens de la vue pour exemple, n'est-il pas évident que la plus ou moins grande étendue d'esprit dépendroit du nombre plus ou moins grand d'objets qu'à l'exclusion des autres un homme doué d'une vue très fine pourroit placer dans sa mémoire? Or il est très peu de ces objets imperceptibles par leur petitesse qui, considérés précisément avec la même attention par des yeux aussi jeunes et aussi exercés, soient apperçus des uns et échappent aux autres : mais la différence que la nature met à cet égard entre les hommes que j'appelle bien organisés, c'est-à-dire dans l'organisation desquels on n'apperçoit aucun défaut (1), fût-elle

(1) Je ne prétends parler dans ce chapitre que des hommes communément bien organisés, qui ne sont privés d'aucun sens, et qui d'ailleurs ne sont attaqués ni de la maladie de la folie ni de celle de la stupidité, ordinairement produites, l'une par le décousu de la mémoire, et l'autre par le défaut total de cette faculté.

infiniment plus considérable qu'elle ne l'est, je puis montrer que cette différence n'en produiroit aucune sur l'étendue de l'esprit.

Supposons des hommes doués d'une même capacité d'attention, d'une mémoire également étendue, enfin deux hommes égaux en tout, excepté en finesse de sens : dans cette hypothese, celui qui sera doué de la vue la plus fine pourra sans contredit placer dans sa mémoire et comparer entre eux plusieurs de ces objets que leur petitesse cache à celui dont l'organisation est à cet égard moins parfaite: mais, ces deux hommes ayant, par ma supposition, une mémoire également étendue, et capable si l'on veut de contenir deux mille objets, il est encore certain que le second pourra remplacer par des faits historiques les objets qu'un moindre degré de finesse dans la vue ne lui aura pas permis d'appercevoir, et qu'il pourra compléter si l'on veut le nombre de deux mille objets que contient la mémoire du premier. Or, de ces deux hommes, si celui dont le sens de la vue est le moins fin peut cependant déposer dans le magasin de sa mémoire un aussi grand nombre d'objets que l'autre, et si d'ailleurs ces deux hommes sont égaux en tout, ils doivent par conséquent faire autant de combinaisons, et, par ma supposition, avoir autant d'esprit, puisque l'étendue de l'esprit se mesure par le nombre des idées et des combinaisons. Le plus ou le moins de perfection dans l'organe de la vue ne peut en conséquence qu'influer sur le genre de leur esprit, faire de l'un un peintre, un botaniste, et de l'autre un historien ou un politique; mais elle ne peut en rien influer sur l'étendue de leur esprit. Aussi ne remarque-t-on pas une constante supériorité d'esprit, et dans ceux qui ont le plus de finesse dans les sens de la vue et de l'ouïe, et dans ceux qui, par l'usage habituel des lunettes et des cornets, mettroient par ce moyen entre eux et les autres hommes plus de différence que n'en met à cet égard la nature. D'où je conclus qu'entre les hommes que j'appelle bien organisés ce n'est point à la plus ou moins grande perfection des organes, tant extérieurs qu'intérieurs, des sens qu'est attachée la supériorité de lumiere, et que c'est nécessairement d'une autre cause que dépend la grande inégalité des esprits.

CHAPITRE III.

De l'étendue de la mémoire.

La conclusion du chapitre précédent fera sans doute chercher dans l'inégale étendue de la mémoire des hommes la cause de l'inégalité de leur esprit. La mémoire est le magasin où se déposent les sensations, les faits et les idées, dont les diverses combinaisons forment ce qu'on appelle *esprit*.

Les sensations, les faits et les idées, doivent donc être regardés comme la matiere premiere de l'esprit. Or, plus le magasin de la mémoire est spacieux, plus il contient de cette matiere premiere, et plus, dira-t-on, l'on a d'aptitude à l'esprit.

Quelque fondé que paroisse ce

raisonnement, peut-être, en l'approfondissant, ne le trouvera-t-on que spécieux. Pour y répondre pleinement il faut premièrement examiner si la différence d'étendue dans la mémoire des hommes bien organisés est aussi considérable en effet qu'elle l'est en apparence ; et, supposant cette différence effective, il faut secondement savoir si l'on doit la considérer comme la cause de l'inégalité des esprits.

Quant au premier objet de mon examen, je dis que l'attention seule peut graver dans la mémoire les objets qui, vus sans attention, ne feroient sur nous que des impressions insensibles, et pareilles à-peu-près à celles qu'un lecteur reçoit successivement de chacune des lettres qui composent la feuille d'un ouvrage. Il est donc certain que, pour juger si le défaut de mémoire est dans les hommes l'effet de leur inattention, ou d'une imperfection dans l'organe qui la produit, il faut avoir recours à l'expérience. Elle nous apprend que parmi les hommes il en est beaucoup, comme S. Augustin et Montaigne le disent d'eux-mêmes, qui, ne paroissant doués que d'une mémoire très foible, sont, par le desir de savoir, parvenus cependant à mettre un assez grand nombre de faits et d'idées dans leur souvenir pour être placés au rang des mémoires extraordinaires. Or, si le desir de s'instruire suffit du moins pour savoir beaucoup, j'en conclus que la mémoire est presque entièrement factice. Aussi l'étendue de la mémoire dépend 1°. de l'usage journalier qu'on en fait; 2°. de l'attention avec laquelle on considere les objets qu'on y veut imprimer, et qui, vus sans attention, comme je viens de le dire, n'y laisseroient qu'une trace légere, et prompte à s'effacer; et 3°. de l'ordre dans lequel on range ses idées. C'est à cet ordre qu'on doit tous les prodiges de mémoire; et cet ordre consiste à lier ensemble toutes ses idées, à ne charger par conséquent sa mémoire que d'objets qui, par leur nature ou la maniere dont on les considere, conservent entre eux assez de rapport pour se rappeler l'un l'autre.

Les fréquentes représentations des mêmes objets à la mémoire sont, pour ainsi dire, autant de coups de burin qui les y gravent d'autant plus profondément qu'ils s'y représentent plus souvent (1). D'ailleurs cet ordre

(1) La mémoire, dit M. Locke, est une table d'airain remplie de caracteres

si propre à rappeler les mêmes objets à notre souvenir nous donne l'explication de tous les phénomenes de la mémoire; nous apprend que la sagacité d'esprit de l'un, c'est-à-dire la promptitude avec laquelle un homme est frappé d'une vérité, dépend souvent de l'analogie de cette vérité avec les objets qu'il a habituellement présents à la mémoire; que la lenteur d'esprit d'un autre à cet égard est au contraire l'effet du peu d'analogie de cette même vérité avec les objets dont il s'occupe. Il ne pourroit la saisir, en appercevoir tous les rapports, sans rejeter toutes les premieres idées qui se présentent à son souvenir, sans bouleverser tout le magasin de sa mémoire pour y chercher les idées qui

que le temps efface insensiblement, si l'on n'y repasse quelquefois le burin.

se lient à cette vérité. Voilà pourquoi tant de gens sont insensibles à l'exposition de certains faits ou de certaines vérités qui n'en affectent vivement d'autres que parceque ces faits ou ces vérités ébranlent toute la chaîne de leurs pensées, en réveillent un grand nombre dans leur esprit : c'est un éclair qui jette un jour rapide sur tout l'horizon de leurs idées. C'est donc à l'ordre qu'on doit souvent la sagacité de son esprit, et toujours l'étendue de sa mémoire : c'est aussi le défaut d'ordre, effet de l'indifférence qu'on a pour certains genres d'étude, qui, à certains égards, prive absolument de mémoire ceux qui, à d'autres égards, paroissent être doués de la mémoire la plus étendue. Voilà pourquoi le savant dans les langues et l'histoire, qui, par le secours de l'ordre chronologique, imprime et conserve facilement dans sa mémoire des mots, des dates et des faits historiques, ne peut souvent y retenir la preuve d'une vérité morale, la démonstration d'une vérité géométrique, ou le tableau d'un paysage qu'il aura long-temps considéré. En effet, ces sortes d'objets n'ayant aucune analogie avec le reste des faits ou des idées dont il a rempli sa mémoire, ils ne peuvent s'y représenter fréquemment, s'y imprimer profondément, ni par conséquent s'y conserver long-temps.

Telle est la cause productrice de toutes les différentes especes de mémoire, et la raison pour laquelle ceux qui savent le moins dans un genre sont ceux qui dans ce même genre communément oublient le plus.

Il paroît donc que la grande mémoire est, pour ainsi dire, un phénomene de l'ordre; qu'elle est presque entièrement factice ; et qu'entre les hommes que j'appelle bien organisés cette grande inégalité de mémoire est moins l'effet d'une inégale perfection dans l'organe qui la produit que d'une inégale attention à la cultiver.

Mais, en supposant même que l'inégale étendue de mémoire qu'on remarque dans les hommes fût entièrement l'ouvrage de la nature, et fût aussi considérable en effet qu'elle l'est en apparence, je dis qu'elle ne pourroit influer en rien sur l'étendue de leur esprit, 1°. parceque le grand esprit, comme je vais le démontrer, ne suppose pas la très grande mémoire, et 2°. parceque tout homme est doué d'une mémoire suffisante pour s'élever au plus haut degré d'esprit.

Avant de prouver la premiere de ces propositions, il faut observer que, si la parfaite ignorance fait la parfaite imbécillité, l'homme d'esprit ne paroît quelquefois manquer de mémoire que parcequ'on donne trop peu d'étendue à ce mot de mémoire, qu'on en restreint la signification au seul souvenir des noms, des dates, des lieux et des personnes, pour lesquels les gens d'esprit sont sans curiosité, et se trouvent souvent sans mémoire. Mais, en comprenant dans la signification de ce mot le souvenir ou des idées, ou des images, ou des raisonnemens, aucun d'eux n'en est privé : d'où il résulte qu'il n'est point d'esprit sans mémoire.

Cette observation faite, il faut savoir quelle étendue de mémoire suppose le grand esprit. Choisissons pour exemple deux hommes illustres dans des genres différens, tels que Locke et Milton ; examinons si la grandeur de leur esprit doit être regardée comme l'effet de l'extrême étendue de leur mémoire.

Si l'on jette d'abord les yeux sur Locke, et si l'on suppose qu'éclairé par une idée heureuse, ou par la lecture d'Aristote, de Gassendi, ou de Montaigne, ce philosophe ait apperçu dans les sens l'origine commune de toutes nos idées, on sentira que, pour déduire tout son système de cette premiere idée, il lui falloit moins d'étendue dans la mémoire que d'opiniâtreté dans la méditation; que la mémoire la moins étendue suffisoit pour contenir tous les objets de la comparaison desquels devoit résulter la certitude de ses principes, pour lui en développer l'enchaînement, et lui faire par conséquent mériter et obtenir le titre de grand esprit.

A l'égard de Milton, si je le regarde

sous le point de vue où, de l'aveu général, il est infiniment supérieur aux autres poëtes ; si je considere uniquement la force, la grandeur, la vérité, et enfin la nouveauté de ses images poétiques ; je suis obligé d'avouer que la supériorité de son esprit en ce genre ne suppose point non plus une grande étendue de mémoire. Quelque grandes en effet que soient les compositions de ses tableaux (telle est celle où, réunissant l'éclat du feu à la solidité de la matiere terrestre, il peint le terrain de l'enfer brûlant d'un feu solide, comme le lac brûloit d'un feu liquide); quelque grandes, dis-je, que soient ses compositions, il est évident que le nombre des images hardies propres à former de pareils tableaux doit être extrêmement borné ; que par conséquent la grandeur de l'imagination de ce poëte est moins l'effet d'une grande étendue de mémoire que d'une méditation profonde sur son art. C'est cette méditation qui, lui faisant chercher la source des plaisirs de l'imagination, la lui a fait appercevoir, et dans l'assemblage nouveau des images propres à former des tableaux grands, vrais et bien proportionnés, et dans le choix constant de ces expressions fortes qui sont, pour ainsi dire, les couleurs de la poésie, et par lesquelles il a rendu ses descriptions visibles aux yeux de l'imagination.

Pour dernier exemple du peu d'étendue de mémoire qu'exige la belle imagination je donne en note la traduction d'un morceau de poésie anglaise (1). Cette traduction et les

---

(1) C'est une jeune fille que l'amour éveille et conduit avant l'aurore dans un

exemples précédents prouveront, je crois, à ceux qui décomposeront les ouvrages des hommes illustres que le

vallon : elle y attend son amant, chargé, au lever du soleil, d'offrir un sacrifice aux dieux. Son ame, dans la situation où la met l'espoir d'un bonheur prochain, se prête, en l'attendant, au plaisir de contempler les beautés de la nature et du lever de l'astre qui doit ramener près d'elle l'objet de sa tendresse. Elle s'exprime ainsi :

« Déja le soleil dore la cime de ces
« chênes antiques, et les flots de ces tor-
« rents précipités qui mugissent entre
« les rochers sont brillantés par sa lu-
« miere. J'apperçois déja le sommet de
« ces montagnes *velues* d'où s'élancent
« ces voûtes qui, à demi jetées dans les
« airs, offrent un abri formidable au
« solitaire qui s'y retire. Nuit, acheve
« de replier tes voiles. Feux folets, qui
« égarez le voyageur incertain, retirez-

grand esprit ne suppose point la grande mémoire : j'ajouterai même que l'extrême étendue de l'un est ab-

« vous dans les fondrieres et les fanges
« marécageuses. Et toi, soleil, dieu des
« cieux, qui remplis l'air d'une chaleur
« vivifiante, qui semes les perles de la
« rosée sur les fleurs de ces prairies, et
« qui rends la couleur aux beautés variées
« de la nature, reçois mon premier
« hommage ; hâte ta course : ton re-
« tour m'annonce celui de mon amant.
« Libre des soins pieux qui le retiennent
« encore aux pieds des autels, l'amour
« va bientôt le ramener aux miens. Que
« tout se ressente de ma joie ! que tout
« bénisse le lever de l'astre qui nous
« éclaire ! Fleurs, qui renfermez dans
« votre sein les odeurs que la froide
« nuit y condense, ouvrez vos calices,
« exhalez dans les airs vos vapeurs em-
« baumées. Je ne sais si la voluptueuse
« ivresse qui remplit mon ame embellit

solument exclusive de l'extrême étendue de l'autre. Si l'ignorance fait languir l'esprit faute de nourriture, la

« tout ce que mes yeux apperçoivent ;
« mais le ruisseau qui serpente dans les
« contours de ces vallées m'enchante par
« son murmure. Le zéphyr me caresse
« de son souffle. Les plantes *ambrées*,
« pressées sous mes pas, portent à mon
« odorat des bouffées de parfums. Ah !
« si le bonheur daigne quelquefois visiter
« le séjour des mortels, c'est sans doute
« en ces lieux qu'il se retire...... Mais
« quel trouble secret m'agite ? Déja l'im-
« patience mêle son poison aux douceurs
« de mon attente ; déja ce vallon a perdu
« de ses beautés. La joie est-elle donc
« si passagere ? Nous est-elle aussi facile-
« ment enlevée que le duvet léger de ces
« plantes l'est par le souffle du zéphyr ?
« C'est en vain que j'ai recours à l'espé-
« rance flatteuse : chaque instant accroît
« mon trouble. ... Il ne vient point....

vaste érudition, par une surabondance d'aliment, l'a souvent étouffé. Il suffit pour s'en convaincre d'examiner l'u-

« Qui le retient loin de moi ? Quel devoir
« plus sacré que celui de calmer les in-
« quiétudes d'une amante ? . . . . Mais,
« que dis-je ? Fuyez, soupçons jaloux,
« injurieux à sa fidélité, et faits pour
« éteindre sa tendresse. Si la jalousie
« croît près de l'amour, elle l'étouffe si
« on ne l'en détache : c'est le lierre qui,
« d'une chaîne verte, embrasse mais
« desseche le tronc qui lui sert d'appui.
« Je connois trop mon amant pour dou-
« ter de sa tendresse. Il a, comme moi,
« loin de la pompe des cours, cherché
« l'asyle tranquille des campagnes : la
« simplicité de mon cœur et de ma
« beauté l'a touché ; mes voluptueuses
« rivales le rappelleroient vainement dans
« leurs bras. Seroit-il séduit par les
« avances d'une coquetterie qui ternit
« sur les joues d'une jeune fille la neige

sage différent que doivent faire de leur temps deux hommes qui veulent se rendre supérieurs aux autres, l'un

« de l'innocence et l'incarnat de la pu-
« deur, et qui les peint du blanc de l'art
« et du fard de l'effronterie? Que sais-je?
« Son mépris pour elles n'est peut-être
« qu'un piege pour moi. Puis-je ignorer
« les préjugés des hommes, et l'art qu'ils
« emploient pour nous séduire? Nourris
« dans le mépris de notre sexe, ce n'est
« point nous, c'est leurs plaisirs qu'ils
« aiment. Les cruels qu'ils sont! ils ont
« mis au rang des vertus et les fureurs
« barbares de la vengeance, et l'amour
« forcené de la patrie; et jamais parmi
« les vertus ils n'ont compté la fidé-
« lité! C'est sans remords qu'ils abusent
« l'innocence. Souvent leur vanité con-
« temple avec délices le spectacle de nos
« douleurs. Mais non; éloignez-vous de
« moi, odieuses pensées; mon amant va
« se rendre en ces lieux. Je l'ai mille fois

en esprit, et l'autre en mémoire.

Si l'esprit n'est qu'un assemblage d'idées neuves, et si toute idée neuve

« éprouvé : dès que je l'apperçois, mon
« ame agitée se calme ; j'oublie souvent
« de trop justes sujets de plainte ; près
« de lui je ne sais qu'être heureuse.....
« Cependant, s'il me trahissoit ! si, dans
« le moment que mon amour l'excuse,
« il consommoit entre les bras d'une
« autre le crime de l'infidélité.... Que toute
« la nature s'arme pour ma vengeance !
« qu'il périsse !..... Que dis-je ? Elé-
« ments, soyez sourds à mes cris ; terre,
« n'ouvre point tes gouffres profonds ;
« laisse ce monstre marcher le temps
« prescrit sur ta brillante surface. Qu'il
« commette encore de nouveaux crimes ;
« qu'il fasse couler encore les larmes des
« amantes trop crédules ; et, si le ciel
« les venge et le punit, que ce soit du
« moins à la prière d'une autre infor-
« tunée ! etc. »

n'est qu'un rapport nouvellement apperçu entre certains objets, celui qui veut se distinguer par son esprit doit nécessairement employer la plus grande partie de son temps à l'observation des rapports divers que les objets ont entre eux, et n'en consommer que la moindre partie à placer des faits ou des idées dans sa mémoire. Au contraire, celui qui veut surpasser les autres en étendue de mémoire doit, sans perdre son temps à méditer et à comparer les objets entre eux, employer les journées entieres à emmagasiner sans cesse de nouveaux objets dans sa mémoire. Or, par un usage si différent de leur temps, il est évident que le premier de ces deux hommes doit être aussi inférieur en mémoire au second qu'il lui sera supérieur en esprit : vérité qu'avoit vraisemblablement apperçue Descartes, lorsqu'il dit que, pour perfectionner son esprit, il falloit moins apprendre que méditer. D'où je conclus que non seulement le très grand esprit ne suppose pas la très grande mémoire, mais que l'extrême étendue de l'un est toujours exclusive de l'extrême étendue de l'autre.

Pour terminer ce chapitre, et prouver que ce n'est point à l'inégale étendue de la mémoire qu'on doit attribuer la force inégale des esprits, il ne me reste plus qu'à montrer que les hommes communément bien organisés sont tous doués d'une étendue de mémoire suffisante pour s'élever aux plus hautes idées. Tout homme en effet est à cet égard assez favorisé de la nature, si le magasin de sa mémoire est capable de contenir un nombre d'idées ou de faits tel qu'en les comparant sans cesse entre eux il puisse toujours y appercevoir quelque rapport nouveau, toujours accroître le nombre de ses idées, et par conséquent donner toujours plus d'étendue à son esprit. Or, si trente ou quarante objets, comme le démontre la géométrie, peuvent se comparer entre eux de tant de manieres que, dans le cours d'une longue vie, personne ne puisse en observer tous les rapports ni en déduire toutes les idées possibles; et si, parmi les hommes que j'appelle bien organisés, il n'en est aucun dont la mémoire ne puisse contenir non seulement tous les mots d'une langue, mais encore une infinité de dates, de faits, de noms, de lieux et de personnes, et enfin un nombre d'objets beaucoup plus considérable que celui de six ou sept mille; j'en conclurai hardiment que tout homme bien organisé est doué d'une capacité de mémoire bien supérieure à celle dont il peut faire usage pour l'accroissement de ses idées; que plus d'étendue de mémoire ne donneroit pas plus d'étendue à son esprit; et qu'ainsi, loin de regarder l'inégalité de mémoire des hommes comme la cause de l'inégalité de leur esprit, cette derniere inégalité est uniquement l'effet, ou de l'attention plus ou moins grande avec laquelle ils observent les rapports des objets entre eux, ou du mauvais choix des objets dont ils chargent leur souvenir. Il est en effet des objets stériles, et qui, tels que les dates, les noms des lieux, des personnes, ou autres pareils, tiennent une grande place dans la mémoire, sans pouvoir produire ni idée neuve, ni idée intéressante pour le public. L'inégalité des esprits dépend donc en partie du choix des objets qu'on place dans la mémoire. Si les jeunes gens dont les succès ont été les plus brillants dans les colleges n'en ont pas toujours de pareils dans un âge plus avancé, c'est que la comparaison et l'application heureuse des regles du Despautere, qui font les bons écoliers, ne prouvent nullement que dans la suite ces mêmes jeunes gens portent leur vue sur des objets de la comparaison desquels résultent des idées intéressantes pour le public; et c'est pourquoi l'on est rarement grand homme si l'on n'a le courage d'ignorer une infinité de choses inutiles.

CHAPITRE IV.

De l'inégale capacité d'attention.

J'ai fait voir que ce n'est point de la perfection plus ou moins grande et des organes des sens et de l'organe de la mémoire que dépend la grande inégalité des esprits. On n'en peut donc chercher la cause que dans l'inégale capacité d'attention des hommes.

Comme c'est l'attention plus ou moins grande qui grave plus ou moins profondément les objets dans la mémoire, qui en fait appercevoir mieux ou moins bien les rapports, qui forme la plupart de nos jugements vrais ou faux, et que c'est enfin à cette attention que nous devons presque toutes nos idées ; il est, dira-t-on, évident que c'est de l'inégale capacité d'attention des hommes que dépend la force inégale de leur esprit.

En effet, si le plus foible degré de maladie, auquel on ne donneroit que le nom d'indisposition, suffit pour rendre la plupart des hommes incapables d'une attention suivie, c'est sans doute, ajoutera-t-on, à des maladies pour ainsi dire insensibles, et par conséquent à l'inégalité de force que la nature donne aux divers hommes, qu'on doit principalement attribuer l'incapacité totale d'attention qu'on remarque dans la plupart d'entre eux, et leur inégale disposition à l'esprit ; d'où l'on conclura que l'esprit est purement un don de la nature.

Quelque vraisemblable que soit ce raisonnement, il n'est cependant point confirmé par l'expérience.

Si l'on en excepte les gens affligés de maladies habituelles, et qui, contraints par la douleur de fixer toute leur attention sur leur état, ne peuvent la porter sur des objets propres à perfectionner leur esprit, ni par conséquent être compris dans le nombre des hommes que j'appelle bien organisés, on verra que tous les autres hommes, même ceux qui, foibles et délicats, devroient, conséquemment au raisonnement précédent, avoir moins d'esprit que les gens bien constitués, paroissent souvent à cet égard les plus favorisés de la nature.

Dans les gens sains et robustes qui s'appliquent aux arts et aux sciences, il semble que la force du tempérament, en leur donnant un besoin pressant du plaisir, les détourne plus souvent de l'étude et de la méditation, que la foiblesse du tempérament, par de légeres et fréquentes indispositions, ne peut en détourner les gens délicats. Tout ce qu'on peut assurer, c'est qu'entre les hommes à-peu-près animés d'un égal amour pour l'étude le succès sur lequel on mesure la force de l'esprit paroît entièrement dépendre, et des distractions plus ou moins grandes occasionnées par la différence des goûts, des fortunes, des états, et du choix plus ou moins heureux des sujets qu'on traite, de la méthode plus ou moins parfaite dont on se sert pour composer, de l'habitude plus ou moins grande qu'on a de méditer, des livres qu'on lit, des gens de goût qu'on voit, et enfin des objets que le hasard présente journellement sous nos yeux. Il semble que, dans le concours des accidents nécessaires pour former un homme d'esprit, la différente capacité d'attention que pourroit produire la force plus ou moins grande du tempérament ne soit d'aucune considération. Aussi l'inégalité d'esprit occasionnée par la différente constitution des hommes est-elle insensible; aussi n'a-t-on par aucune observation exacte pu jusqu'à présent déterminer l'espece de tempérament le plus propre à former des gens de génie, et ne peut-on encore savoir lesquels des hommes, grands ou petits, gras ou maigres, bilieux ou sanguins, ont le plus d'aptitude à l'esprit.

Au reste, quoique cette réponse sommaire pût suffire pour réfuter un raisonnement qui n'est fondé que sur des vraisemblances, cependant, comme cette question est fort importante, il faut, pour la résoudre avec précision, examiner si le défaut d'attention est, dans les hommes, ou l'effet d'une impuissance physique de s'appliquer, ou d'un desir trop foible de s'instruire.

Tous les hommes que j'appelle bien organisés sont capables d'attention, puisque tous apprennent à lire, apprennent leur langue, et peuvent concevoir les premieres propositions d'Euclide. Or tout homme capable de concevoir ces propositions a la puissance physique de les entendre toutes. En effet, en géométrie comme en toutes les autres sciences, la facilité plus ou moins grande avec laquelle on saisit une vérité dépend du nombre plus ou moins grand de propositions antécédentes que, pour la concevoir, il faut avoir présentes à la mémoire. Or, si tout homme bien organisé, comme je l'ai prouvé dans le chapitre précédent, peut placer dans sa mémoire un nombre d'idées fort supérieur à celui qu'exige la démonstration de quelque proposition de géométrie que ce soit; et, si, par le secours de l'ordre et par la représentation fréquente des mêmes idées, on peut, comme l'expérience le prouve, se les rendre assez familieres et assez habituellement présentes pour se les rappeler sans peine ; il s'ensuit que chacun a la puissance physique de suivre la démonstration de toute vérité géométrique, et qu'après s'être élevé, de propositions en propositions et d'idées analogues en idées analogues, jusqu'à la connoissance, par exemple, de quatre-vingt-dix-neuf propositions, tout homme peut concevoir la centieme avec la même facilité que la deuxieme, qui est aussi distante de la premiere que la centieme l'est de la quatre-vingt-dix-neuvieme.

Maintenant il faut examiner si le degré d'attention nécessaire pour concevoir la démonstration d'une vérité géométrique ne suffit pas pour la découverte de ces vérités qui placent un homme au rang des gens illustres. C'est à ce dessein que je prie le lecteur d'observer avec moi la marche que tient l'esprit humain, soit qu'il découvre une vérité, soit qu'il en suive simplement la démonstration. Je ne tire point mon exemple de la géométrie, dont la connoissance est étrangere à la plupart des hommes ; je le prends dans la morale, et je me propose ce problême : *Pourquoi les conquêtes injustes ne déshonorent-elles point autant les nations que les vols déshonorent les particuliers ?* Pour résoudre ce problême moral, les idées qui se présenteront les premieres à mon esprit sont les idées de justice qui me sont les plus familieres : je la considérerai donc entre particuliers, et je sentirai que des vols qui troublent et renversent l'ordre de la société sont avec justice regardés comme infâmes.

Mais, quelque avantageux qu'il fût d'appliquer aux nations les idées que j'ai de la justice entre citoyens, cependant, à la vue de tant de guerres injustes entreprises de tous les temps par des peuples qui font l'admiration de la terre, je soupçonnerai bientôt que les idées de la justice considérée par rapport à un particulier ne sont point applicables aux nations; ce soupçon sera le premier pas que fera mon esprit pour parvenir à la découverte qu'il se propose. Pour éclaircir ce soupçon, j'écarterai d'abord les idées de justice qui me sont les plus familieres; je rappellerai à ma mémoire, et j'en rejetterai successivement une infinité d'idées, jusqu'au moment où j'appercevrai que, pour résoudre cette question, il faut d'abord se former des idées nettes et générales de la justice, et pour cet effet remonter jusqu'à l'établissement des sociétés, jusqu'à ces temps reculés où l'on en peut mieux appercevoir l'origine, où d'ailleurs on peut plus facilement découvrir la raison pour laquelle les principes de la justice, considérée par rapport aux citoyens, ne seroient pas applicables aux nations.

Tel sera, si je l'ose dire, le second pas de mon esprit. Je me représenterai en conséquence les hommes absolument privés de la connoissance des lois, des arts, et à-peu-près tels qu'ils devoient être aux premiers jours du monde. Alors je les vois dispersés dans les bois comme les autres animaux voraces ; je vois que, trop foibles avant l'invention des armes pour résister aux bêtes féroces, ces premiers hommes, instruits par le danger, le besoin ou la crainte, ont senti qu'il étoit de l'intérêt de chacun d'eux en particulier de se rassembler en société, et de former une ligue contre les animaux, leurs ennemis communs. J'apperçois ensuite que ces hommes ainsi rassemblés, et devenus bientôt ennemis par le desir qu'ils eurent de posséder les mêmes choses, durent s'armer pour se les ravir mutuellement ; que le plus vigoureux les enleva d'abord au plus spirituel, qui inventa des armes et lui dressa des embûches pour lui reprendre les mêmes biens ; que la force et l'adresse furent par conséquent les premiers titres de propriété ; que la terre appartint premièrement au plus fort, et ensuite au plus fin ;

que ce fut d'abord à ces seuls titres qu'on posséda tout ; mais qu'enfin, éclairés par leur malheur commun, les hommes sentirent que leur réunion ne leur seroit point avantageuse, et que les sociétés ne pourroient subsister, si à leurs premieres conventions ils n'en ajoutoient de nouvelles par lesquelles chacun en particulier renonçât au droit de la force et de l'adresse, et tous en général se garantissent réciproquement la conservation de leur vie et de leurs biens, et s'engageassent à s'armer contre l'infracteur de ces conventions ; que ce fut ainsi que de tous les intérêts des particuliers se forma un intérêt commun, qui dut donner aux différentes actions les noms de justes, de permises, et d'injustes, selon qu'elles étoient utiles, indifférentes, ou nuisibles aux sociétés.

Une fois parvenu à cette vérité, je découvre facilement la source des vertus humaines; je vois que, sans la sensibilité à la douleur et au plaisir physique, les hommes, sans desirs, sans passions, également indifférents à tout, n'eussent point connu d'intérêt personnel; que sans intérêt personnel ils ne se fussent point rassemblés en société, n'eussent point fait entre eux de conventions; qu'il n'y eût point eu d'intérêt général, par conséquent point d'actions justes ou injustes; et qu'ainsi la sensibilité physique et l'intérêt personnel ont été les auteurs de toute justice (1).

Cette vérité, appuyée sur cet axiome de jurisprudence, *L'intérêt est la mesure des actions des hommes*, et

(1) On ne peut nier cette proposition sans admettre les idées innées.

confirmée d'ailleurs par mille faits, me prouve que, vertueux ou vicieux, selon que nos passions ou nos goûts particuliers sont conformes ou contraires à l'intérêt général, nous tendons si nécessairement à notre bien particulier, que le législateur divin lui-même a cru, pour engager les hommes à la pratique de la vertu, devoir leur promettre un bonheur éternel, en échange des plaisirs temporels qu'ils sont quelquefois obligés d'y sacrifier.

Ce principe établi, mon esprit en tire les conséquences; et j'apperçois que toute convention où l'intérêt particulier se trouve en opposition avec l'intérêt général eût toujours été violée, si les législateurs n'eussent toujours proposé de grandes récompenses à la vertu, et qu'au penchant naturel qui porte tous les hommes à l'usurpation ils n'eussent sans cesse opposé la digue du déshonneur et du supplice. Je vois donc que la peine et la récompense sont les deux seuls liens par lesquels ils ont pu tenir l'intérêt particulier uni à l'intérêt général ; et j'en conclus que les lois, faites pour le bonheur de tous, ne seroient observées par aucun, si les magistrats n'étoient armés de la puissance nécessaire pour en assurer l'exécution. Sans cette puissance, les lois, violées par le plus grand nombre, seroient avec justice enfreintes par chaque particulier; parceque les lois n'ayant que l'utilité publique pour fondement, sitôt que, par une infraction générale, ces lois deviennent inutiles, dès lors elles sont nulles, et cessent d'être des lois ; chacun rentre en ses premiers droits ; chacun ne prend conseil que de son intérêt particulier, qui lui défend avec raison d'observer des lois qui deviendroient préjudiciables à celui qui en seroit l'observateur unique. Et c'est pourquoi, si, pour la sûreté des grandes routes, on eût défendu d'y marcher avec des armes, et que, faute de maréchaussée, les grands chemins fussent infestés de voleurs; que cette loi, par conséquent, n'eût point rempli son objet; je dis qu'un homme pourroit non seulement y voyager avec des armes, et violer cette convention ou cette loi sans injustice, mais qu'il ne pourroit même l'observer sans folie.

Après que mon esprit est ainsi, de degrés en degrés, parvenu à se former des idées nettes et générales de la justice; après avoir reconnu qu'elle consiste dans l'observation exacte des conventions que l'intérêt commun, c'est-à-dire l'assemblage de tous les intérêts particuliers, leur a fait faire, il ne reste à mon esprit qu'à faire aux nations l'application de ces idées de la justice. Eclairé par les principes ci-dessus établis, j'apperçois d'abord que toutes les nations n'ont point fait entre elles de conventions par lesquelles elles se garantissent réciproquement la possession des pays qu'elles occupent et des biens qu'elles possedent. Si j'en veux découvrir la cause, ma mémoire, en me retraçant la carte générale du monde, m'apprend que les peuples n'ont point fait entre eux de ces sortes de conventions, parcequ'ils n'ont point eu à les faire un intérêt aussi pressant que les particuliers; parceque les nations peuvent subsister sans conventions entre elles, et que les sociétés ne peuvent se maintenir sans lois. D'où je conclus que les idées de la justice, considérée de nation à nation, ou de particulier à particulier, doivent être extrêmement différentes.

Si l'église et les rois permettent la traite des negres; si le chrétien, qui maudit au nom de Dieu celui qui porte le trouble et la dissension dans les familles, bénit le négociant qui court la Côte-d'Or ou le Sénégal pour échanger contre des negres les marchandises dont les Africains sont avides; si par ce commerce les Européans entretiennent sans remords des guerres éternelles entre ces peuples; c'est que, sauf les traités particuliers et des usages généralement reconnus auxquels on donne le nom de droit des gens, l'église et les rois pensent que les peuples sont, les uns à l'égard des autres, précisément dans le cas des premiers hommes avant qu'ils eussent formé des sociétés, qu'ils connussent d'autres droits que la force et l'adresse, qu'il y eût entre eux aucune convention, aucune loi, aucune propriété, et qu'il pût par conséquent y avoir aucun vol et aucune injustice. A l'égard même des traités particuliers que les nations contractent entre elles, ces traités n'ayant jamais été garantis par un assez grand nombre de nations, je vois qu'ils n'ont presque jamais pu se maintenir par la force, et qu'ils ont par conséquent, comme des lois sans force, dû souvent rester sans exécution.

Lorsqu'en appliquant aux nations les idées générales de la justice mon esprit aura réduit la question à ce point, pour découvrir ensuite pourquoi le peuple qui enfreint les traités faits avec un autre peuple est moins coupable que le particulier qui viole les conventions faites avec la société, et pourquoi, conformément à l'opinion publique, les conquêtes injustes déshonorent moins une nation que les vols n'avilissent un particulier, il suffit de rappeler à ma mémoire la liste de tous les traités violés de tous les temps et par tous les peuples; alors je vois qu'il y a toujours une grande probabilité que, sans égard à ses traités, toute nation profitera des temps de trouble et de calamités pour attaquer ses voisins à son avantage, les conquérir, ou du moins les mettre hors d'état de lui nuire. Or chaque nation, instruite par l'histoire, peut considérer cette probabilité comme assez grande pour se persuader que l'infraction d'un traité qu'il est avantageux de violer est une clause tacite de tous les traités, qui ne sont proprement que des treves, et qu'en saisissant, par conséquent, l'occasion favorable d'abaisser ses voisins, elle ne fait que les prévenir; puisque tous les peuples, forcés de s'exposer au reproche d'injustice ou au joug de la servitude, sont réduits à l'alternative d'être esclaves ou souverains.

D'ailleurs, si dans toute nation l'état de conservation est un état dans lequel il est presque impossible de se maintenir, et si le terme de l'agrandissement d'un empire doit, ainsi que le prouve l'histoire des Romains, être regardé comme un présage certain de sa décadence, il est évident que chaque nation peut même se croire d'autant plus autorisée à ces conquêtes qu'on appelle injustes, que ne trouvant point dans la garantie, par exemple, de deux nations contre une troisieme autant de sûreté qu'un particulier en trouve dans la garantie de sa nation contre un autre particulier, le traité en doit être d'autant moins sacré que l'exécution en est plus incertaine.

C'est lorsque mon esprit a percé jusqu'à cette derniere idée que je découvre la solution du problême de morale que je m'étois proposé. Alors je sens que l'infraction des traités, et cette espece de brigandage entre les nations, doit, comme le prouve le passé, garant en ceci de l'avenir, subsister jusqu'à ce que tous les peuples, ou du moins le plus grand nombre d'entre eux, aient fait des conventions générales; jusqu'à ce que les nations, conformément au projet de Henri IV ou de l'abbé de S.-Pierre, se soient réciproquement garanti leurs possessions, se soient engagées à s'armer contre le peuple qui voudroit en assujettir un autre, et qu'enfin le hasard ait mis une telle disproportion entre la puissance de chaque état en particulier et celle de tous les autres réunis, que ces conventions puissent se maintenir par la force, que les peuples puissent établir entre eux la même police qu'un sage législateur met entre les citoyens, lorsque, par la récompense attachée aux bonnes actions, et les peines infligées aux mauvaises, il nécessite les citoyens à la vertu, en donnant à leur probité l'intérêt personnel pour appui.

Il est donc certain que, conformément à l'opinion publique, les conquêtes injustes, moins contraires aux lois de l'équité, et par conséquent moins criminelles, que les vols entre particuliers, ne doivent point autant déshonorer une nation que les vols déshonorent un citoyen.

Ce problême moral résolu, si l'on observe la marche que mon esprit a tenue pour le résoudre, on verra que je me suis d'abord rappelé les idées qui m'étoient les plus familieres; que je les ai comparées entre elles, observé leurs convenances et leurs disconvenances relativement à l'objet de mon examen; que j'ai ensuite rejeté ces idées; que je m'en suis rappelé d'autres; et que j'ai répété ce même procédé jusqu'à ce qu'enfin ma mémoire m'ait présenté les objets de la comparaison desquels devoit résulter la vérité que je cherchois.

Or, comme la marche de l'esprit est toujours la même, ce que je dis sur la maniere de découvrir une vérité doit s'appliquer généralement à toutes les vérités. Je remarquerai seulement à ce sujet que, pour faire une découverte, il faut nécessairement avoir dans la mémoire les objets dont les rapports contiennent cette vérité.

Si l'on se rappelle ce que j'ai dit précédemment à l'exemple que je viens de donner, et qu'en conséquence on veuille savoir si tous les hommes bien organisés sont réellement doués d'une attention suffisante pour s'élever aux plus hautes idées, il faut comparer les opérations de l'esprit lorsqu'il fait la découverte ou qu'il suit simplement la démonstration d'une vérité, et examiner laquelle de ces opérations suppose le plus d'attention.

Pour suivre la démonstration d'une proposition de géométrie il est inutile de rappeler beaucoup d'objets à son esprit : c'est au maître à présenter aux yeux de son élève les objets propres à donner la solution du problême qu'il lui propose. Mais, soit qu'un homme découvre une vérité, soit qu'il en suive la démonstration, il doit, dans l'un et l'autre cas, observer également les rapports qu'ont entre eux les objets que sa mémoire ou son maître lui présentent. Or, comme on ne peut sans un hasard singulier se représenter uniquement les idées nécessaires à la découverte d'une vérité, et n'en considérer précisément que les faces sous lesquelles on doit les comparer entre elles, il est évident que, pour faire une découverte, il faut rappeler à son esprit une multitude d'idées étrangeres à l'objet de la recherche, et en faire une infinité de comparaisons inutiles; comparaisons dont la multiplicité peut rebuter. On doit donc consommer infiniment plus de temps pour découvrir une vérité que pour en suivre la démonstration; mais la découverte de cette vérité n'exige en aucun instant plus d'effort d'attention que n'en suppose la suite d'une démonstration.

Si, pour s'en assurer, on observe l'étudiant en géométrie, on verra qu'il doit porter d'autant plus d'attention à considérer les figures géométriques que le maître met sous ses yeux, que, ces objets lui étant moins familiers que ceux que lui présenteroit sa mémoire, son esprit est à-la-fois occupé du double soin, et de considérer ces figures, et de découvrir les rapports qu'elles ont entre elles : d'où il suit que l'attention nécessaire pour suivre la démonstration d'une proposition de géométrie suffit pour découvrir une vérité. Il est vrai que, dans ce dernier cas, l'attention doit être plus continue; mais cette continuité d'attention n'est proprement que la répétition des mêmes actes d'attention. D'ailleurs, si tous les hommes, comme je l'ai dit plus haut, sont capables d'apprendre à lire et d'apprendre leur langue, ils sont tous capables, non seulement de l'attention vive mais encore de l'attention continue qu'exige la découverte d'une vérité.

Quelle continuité d'attention ne faut-il pas pour connoître les lettres, les rassembler, en former des syllabes, en composer des mots, ou pour unir dans sa mémoire des objets d'une nature différente, et qui n'ont entre eux que des rapports arbitraires, comme les mots *chêne*, *grandeur*, *amour*, qui n'ont aucun rapport réel avec l'idée, l'image ou le sentiment qu'ils expriment! Il est donc certain que, si, par la continuité d'attention, c'est-à-dire par la répétition fréquente des mêmes actes d'attention, tous les hommes parviennent à graver successivement dans leur mémoire tous les mots d'une langue, ils sont tous doués de la force et de la continuité d'attention nécessaires pour s'élever à ces grandes idées dont la découverte les place au rang des hommes illustres.

Mais, dira-t-on, si tous les hommes sont doués de l'attention nécessaire pour exceller dans un genre lorsque l'inhabitude ne les en a point rendus incapables, il est encore certain que cette attention coûte plus aux uns qu'aux autres. Or à quelle autre cause, si ce n'est à la perfection plus ou moins grande de l'organisation, attribuer cette attention plus ou moins facile?

Avant de répondre directement à cette objection, j'observerai que l'attention n'est pas étrangere à la nature de l'homme; qu'en général, lorsque nous croyons l'attention difficile à supporter, c'est que nous prenons la fatigue de l'ennui et de l'impatience pour la fatigue de l'application. En effet, s'il n'est point d'hommes sans desirs, il n'est point d'hommes sans attention. Lorsque l'habitude en est prise, l'attention devient même un besoin. Ce qui rend l'attention fatigante, c'est le motif qui nous y détermine. Est-ce le besoin, l'indigence, ou la crainte? l'attention est alors une peine. Est-ce l'espoir du plaisir? l'attention devient alors elle-même un plaisir. Qu'on présente au même homme deux écrits difficiles à déchiffrer; l'un est un procès-verbal, l'autre est la lettre d'une maîtresse: qui doute que l'attention ne soit aussi pénible dans le premier cas qu'agréable dans le second? Conséquemment à cette observation, l'on peut facilement expliquer pourquoi l'attention coûte plus aux uns qu'aux autres.

Il n'est pas nécessaire pour cet effet de supposer en eux aucune différence d'organisation : il suffit de remarquer qu'en ce genre la peine de l'attention est toujours plus ou moins grande, proportionnément au degré plus ou moins grand de plaisir que chacun regarde comme la récompense de cette peine. Or, si les mêmes objets n'ont jamais le même prix à des yeux différents, il est évident qu'en proposant à divers hommes le même objet de récompense, on ne leur propose pas réellement la même récompense; et que, s'ils sont forcés de faire les mêmes efforts d'attention, ces efforts doivent être, en conséquence, plus pénibles aux uns qu'aux autres. On peut donc résoudre le problème d'une attention plus ou moins facile sans avoir recours au mystere d'une inégale perfection dans les organes qui la produisent. Mais, en admettant même à cet égard une certaine différence dans l'organisation des hommes, je dis qu'en supposant en eux un desir vif de s'instruire, desir dont tous les hommes sont susceptibles, il n'en est aucun qui ne se trouve alors doué de la capacité d'attention nécessaire pour se distinguer dans un art. En effet, si le desir du bonheur est commun à tous les hommes, s'il est en eux le sentiment le plus vif, il est évident que, pour obtenir ce bonheur, chacun fera toujours tout ce qu'il est en sa puissance de faire. Or tout homme, comme je viens de le prouver, est capable du degré d'attention suffisant pour s'élever aux plus hautes idées. Il fera donc usage de cette capacité d'attention lorsque, par la législation de son pays, son goût particulier ou son éducation, le bonheur deviendra le prix de cette attention. Il sera, je crois, difficile de résister à cette conclusion, sur-tout si, comme je puis le prouver, il n'est pas même nécessaire, pour se rendre supérieur en un genre, d'y donner toute l'attention dont on est capable.

Pour ne laisser aucun doute sur cette vérité, consultons l'expérience; interrogeons les gens de lettres : ils ont tous éprouvé que ce n'est pas aux plus pénibles efforts d'attention qu'ils doivent les plus beaux vers de leurs poëmes, les plus singulieres situations de leurs romans, et les principes les plus lumineux de leurs ouvrages philosophiques. Ils avoueront qu'ils les doivent à la rencontre heureuse de certains objets que le hasard ou met sous leurs yeux, ou présente à leur mémoire, et de la comparaison desquels ont résulté ces beaux vers, ces situations frappantes, et ces grandes idées philosophiques ; idées que l'esprit conçoit toujours avec d'autant plus de promptitude et de facilité, qu'elles sont plus vraies et plus générales. Or, dans tout ouvrage, si ces belles idées, de quelque genre qu'elles soient, sont, pour ainsi dire, le trait du génie ; si l'art de les employer n'est que l'œuvre du temps et de la patience, et ce qu'on appelle le travail du manœuvre ; il est donc certain que le génie est moins le prix de l'attention qu'un don du hasard qui présente à tous les hommes de ces idées heureuses dont celui-là seul profite qui, sensible à la gloire, est attentif à les saisir. Si le hasard est, dans presque tous les arts, généralement reconnu pour l'auteur de la plupart des découvertes ; et si, dans les sciences spéculatives, sa puissance est moins sensiblement apperçue, elle n'en est peut-être pas moins réelle ; il n'en préside pas moins à la découverte des plus belles idées. Aussi ne sont-elles pas, comme je viens de le dire, le prix des plus pénibles efforts d'attention, et peut-on assurer que l'attention qu'exige l'ordre des idées, la maniere de les exprimer, et l'art de passer d'un sujet à l'autre (1), est, sans contredit, beaucoup plus fatigante ; et qu'enfin la plus pénible de toutes est celle que suppose la comparaison des objets qui ne nous sont point familiers. C'est pourquoi le philosophe capable de six ou sept heures des plus hautes méditations ne pourra, sans une fatigue extrême d'attention, passer ces six à sept heures, soit à l'examen d'une procédure, soit à co-

(1) *Tantum series juncturaque pollet.*

pier fidèlement et correctement un manuscrit ; et c'est pourquoi les commencements de chaque science sont toujours épineux. Aussi n'est-ce qu'à l'habitude que nous avons de considérer certains objets que nous devons, non seulement la facilité avec laquelle nous les comparons, mais encore la comparaison juste et rapide que nous faisons de ces objets entre eux. Voilà pourquoi, du premier coup-d'œil, le peintre apperçoit dans un tableau des défauts de dessin ou de coloris invisibles aux yeux ordinaires ; pourquoi le berger, accoutumé à considérer ses moutons, découvre entre eux des ressemblances et des différences qui les lui font distinguer ; et pourquoi l'on n'est proprement le maître que des matieres qu'on a long-temps méditées. C'est à l'application plus ou moins constante avec laquelle nous examinons un sujet que nous devons les idées superficielles ou profondes que nous avons sur ce même sujet. Il semble que les ouvrages long-temps médités et longs à composer en soient plus forts de choses, et que, dans les ouvrages d'esprit comme dans la méchanique, on gagne en force ce que l'on perd en temps.

Mais, pour ne pas m'écarter de mon sujet, je répéterai donc que, si l'attention la plus pénible est celle que suppose la comparaison des objets qui nous sont peu familiers, et si cette attention est précisément de l'espece de celle qu'exige l'étude des langues, tous les hommes étant capables d'apprendre leur langue, tous par conséquent sont doués d'une force et d'une continuité d'attention suffisantes pour s'élever au rang des hommes illustres.

Il ne me reste, pour derniere preuve

de cette vérité, qu'à rappeler ici que l'erreur, comme je l'ai dit dans mon premier discours, toujours accidentelle, n'est point inhérente à la nature particuliere de certains esprits ; que tous nos faux jugements sont l'effet ou de nos passions ou de notre ignorance : d'où il suit que tous les hommes sont par la nature doués d'un esprit également juste, et qu'en leur présentant les mêmes objets ils en porteroient tous les mêmes jugements. Or, comme ce mot d'*esprit juste*, pris dans sa signification étendue, renferme toutes sortes d'esprits, le résultat de ce que j'ai dit ci-dessus c'est que tous les hommes que j'appelle bien organisés étant nés avec l'esprit juste, ils ont tous en eux la puissance physique de s'élever aux plus hautes idées (1).

(1) Il faut toujours se ressouvenir,

Mais, répliquera-t-on, pourquoi donc voit-on si peu d'hommes illustres? C'est que l'étude est une petite peine; c'est que, pour vaincre le dégoût de l'étude, il faut, comme je l'ai déja insinué, être animé d'une passion.

Dans la premiere jeunesse, la crainte comme je l'ai dit dans mon second discours, que les idées ne sont en soi ni hautes, ni grandes, ni petites; que souvent la découverte d'une idée qu'on appelle petite ne suppose pas moins d'esprit que la découverte d'une grande; qu'il en faut quelquefois autant pour saisir finement le ridicule d'un homme que pour appercevoir le vice d'un gouvernement; et que, si l'on donne par préférence le nom de grandes aux découvertes du dernier genre, c'est qu'on ne désigne jamais par les épithetes de *hautes*, de *grandes*, et de *petites*, que des idées plus ou moins généralement intéressantes.

des châtiments suffit pour forcer les jeunes gens à l'étude; mais, dans un âge plus avancé, où l'on n'éprouve pas les mêmes traitements, il faut alors, pour s'exposer à la fatigue de l'application, être échauffé d'une passion telle, par exemple, que l'amour de la gloire. La force de notre attention est alors proportionnée à la force de notre passion. Considérons les enfants: s'ils font dans leur langue naturelle des progrès moins inégaux que dans une langue étrangere, c'est qu'ils y sont excités par des besoins à-peu-près pareils, c'est-à-dire, et par la gourmandise, et par l'amour du jeu, et par le desir de faire connoître les objets de leur amour et de leur aversion. Or des besoins à-peu-près pareils doivent produire des effets à-peu-près égaux. Au contraire, comme les progrès dans une langue étrangere dépendent, et de la méthode dont se servent les maîtres, et de la crainte qu'ils inspirent à leurs écoliers, et de l'intérêt que les parents prennent aux études de leurs enfants, on sent que des progrès dépendants de causes si variées, qui agissent et se combinent si diversement, doivent par cette raison être extrêmement inégaux. D'où je conclus que la grande inégalité d'esprit qu'on remarque entre les hommes dépend peut-être du desir inégal qu'ils ont de s'instruire. Mais, dira-t-on, ce desir est l'effet d'une passion. Or, si nous ne devons qu'à la nature la force plus ou moins grande de nos passions, il s'ensuit que l'esprit doit en conséquence être considéré comme un don de la nature.

C'est à ce point, véritablement délicat et décisif, que se réduit toute cette question. Pour la résoudre il faut connoître et les passions et leurs effets, et entrer à ce sujet dans un examen profond et détaillé.

CHAPITRE V.

Des forces qui agissent sur notre ame.

L'EXPÉRIENCE seule peut nous découvrir quelles sont ces forces. Elle nous apprend que la paresse est naturelle à l'homme; que l'attention le fatigue et le peine (1); qu'il gravite

(1) Les Hottentots ne veulent ni raisonner ni penser. *Penser*, disent-ils, *est le fléau de la vie.* Que de Hottentots parmi nous !

Ces peuples sont entièrement livrés à

sans cesse vers le repos, comme les corps vers un centre ; qu'attiré sans cesse vers ce centre, il s'y tiendroit fixement attaché, s'il n'en étoit à chaque instant repoussé par deux sortes de forces qui contrebalancent en lui celles de la paresse et de l'inertie, et qui lui sont communiquées, l'une par

la paresse. Pour se soustraire à toute sorte de soins, d'occupations, ils se privent de tout ce dont ils peuvent absolument se passer. Les Caraïbes ont la même horreur pour penser et pour travailler ; ils se laisseroient plutôt mourir de faim que de faire la cassave, ou de faire bouillir la marmite. Leurs femmes font tout : ils travaillent seulement, de deux jours l'un, deux heures à la terre ; ils passent le reste du temps, à rêver dans leurs hamacs. Veut-on acheter leur lit ? ils le vendent le matin à bon marché ; ils ne se donnent pas la peine de penser qu'ils en auront besoin le soir.

les passions fortes, et l'autre par la haine de l'ennui.

L'ennui est dans l'univers un ressort plus général et plus puissant qu'on ne l'imagine : de toutes les douleurs c'est sans contredit la moindre ; mais enfin c'en est une. Le desir du bonheur nous fera toujours regarder l'absence du plaisir comme un mal. Nous voudrions que l'intervalle nécessaire qui sépare les plaisirs vifs, toujours attachés à la satisfaction des besoins physiques, fût rempli par quelques unes de ces sensations qui sont toujours agréables lorsqu'elles ne sont pas douloureuses. Nous souhaiterions donc, par des impressions toujours nouvelles, être à chaque instant avertis de notre existence, parceque chacun de ces avertissements est pour nous un plaisir. Voilà pourquoi le sauvage, dès qu'il a satisfait ses besoins, court au bord d'un ruisseau, où la succession rapide des flots qui se poussent l'un l'autre fait à chaque instant sur lui des impressions nouvelles ; voilà pourquoi nous préférons la vue des objets en mouvement à celle des objets en repos ; voilà pourquoi l'on dit proverbialement, *Le feu fait compagnie*, c'est-à-dire qu'il nous arrache à l'ennui.

C'est ce besoin d'être remué, et l'espece d'inquiétude que produit dans l'ame l'absence d'impression, qui contient en partie le principe de l'inconstance et de la perfectibilité de l'esprit humain, et qui, le forçant à s'agiter en tous sens, doit, après la révolution d'une infinité de siecles, inventer, perfectionner les arts et les sciences, et enfin amener la décadence du goût (1).

(1) C'est peut-être en comparant la

En effet, si les impressions nous sont d'autant plus agréables qu'elles sont plus vives, et si la durée d'une même impression en émousse la vivacité, nous devons donc être avides de ces impressions neuves qui produisent dans notre ame le plaisir de la surprise : les artistes jaloux de nous plaire et d'exciter en nous ces sortes d'impressions doivent donc, après avoir en partie épuisé les combinaisons du beau, y substituer le singulier, que

marche lente de l'esprit humain avec l'état de perfection où se trouvent maintenant les arts et les sciences qu'on pourroit juger de l'ancienneté du monde. On feroit sur ce plan un nouveau système de chronologie, du moins aussi ingénieux que ceux qu'on a donnés jusqu'à présent; mais l'exécution de ce plan demanderoit beaucoup de finesse et de sagacité d'esprit de la part de celui qui l'entreprendroit.

nous préférons au beau, parcequ'il fait sur nous une impression plus neuve, et par conséquent plus vive. Voilà, dans les nations policées, la cause de la décadence du goût.

Pour connoître encore mieux tout ce que peut sur nous la haine de l'ennui, et quelle est quelquefois l'activité de ce principe (1), qu'on jette sur les

---

(1) L'ennui, il est vrai, n'est pas ordinairement fort inventif; son ressort n'est certainement pas assez puissant pour nous faire exécuter de grandes entreprises, et sur-tout pour nous faire acquérir de grands talents. L'ennui ne produit point de Lycurgue, de Pélopidas, d'Homere, d'Archimede, de Milton; et l'on peut assurer que ce n'est pas faute d'ennuyés qu'on manque de grands hommes. Cependant ce ressort opere souvent de grands effets. Il suffit quelquefois pour armer les princes, les entraîner dans les combats; et, quand le succès favorise

hommes un œil observateur, et l'on sentira que c'est la crainte de l'ennui qui fait agir et penser la plupart d'entre eux; que c'est pour s'arracher à l'ennui qu'au risque de recevoir des impressions trop fortes, et par conséquent désagréables, les hommes recherchent avec le plus grand empressement tout ce qui peut les remuer fortement; que c'est ce desir qui fait

leurs premieres entreprises, il en peut faire des conquérants. La guerre peut devenir une occupation que l'habitude rende nécessaire. Charles XII, le seul des héros qui ait toujours été insensible aux plaisirs de l'amour et de la table, étoit peut-être en partie déterminé par ce motif. Mais, si l'ennui peut faire un héros de cette espece, il ne fera jamais de César ni de Cromwel. Il falloit une grande passion pour leur faire faire les efforts d'esprit et de talent nécessaires pour franchir l'espace qui les séparoit du trône.

courir le peuple à la Greve, et les gens du monde au théâtre; que c'est ce même motif qui, dans une dévotion triste, et jusques dans les exercices austeres de la pénitence, fait souvent chercher aux vieilles femmes un remede à l'énnui : car Dieu, qui par toutes sortes de moyens cherche à ramener le pécheur à lui, se sert ordinairement avec elles de celui de l'ennui.

Mais c'est sur-tout dans les siecles où les grandes passions sont mises à la chaîne, soit par les mœurs, soit par la forme du gouvernement, que l'ennui joue le plus grand rôle : il devient alors le mobile universel.

Dans les cours, autour du trône, c'est la crainte de l'ennui, jointe au plus foible degré d'ambition, qui fait des courtisans oisifs de petits ambitieux, qui leur fait concevoir de petits desirs, leur fait faire de petites intrigues, de petites cabales, de petits crimes, pour obtenir de petites places, proportionnées à la petitesse de leurs passions; qui fait des Séjans, et jamais des Octaves; mais qui d'ailleurs suffit pour s'élever jusqu'à ces postes où l'on jouit à la vérité du privilege d'être insolent, mais où l'on cherche en vain un abri contre l'ennui.

Telles sont, si je l'ose dire, et les forces actives et les forces d'inertie qui agissent sur notre ame. C'est pour obéir à ces deux forces contraires qu'en général nous souhaitons d'être remués sans nous donner la peine de nous remuer; c'est par cette raison que nous voudrions tout savoir, sans nous donner la peine d'apprendre; c'est pourquoi, plus dociles à l'opinion qu'à la raison, qui, dans tous les cas, nous imposeroit la fatigue de l'examen, les hommes acceptent indifféremment en entrant dans le monde toutes les idées vraies ou fausses qu'on leur présente (1); et pourquoi enfin,

(1) La crédulité dans les hommes est en partie l'effet de leur paresse. On a l'habitude de croire une chose absurde, on en soupçonne la fausseté; mais, pour s'en assurer pleinement, il faudroit s'exposer à la fatigue de l'examen : on veut se l'épargner, et l'on aime mieux croire que d'examiner. Or, dans cette situation de l'ame, des preuves convaincantes de la fausseté d'une opinion nous paroissent toujours insuffisantes. Il n'est point alors de raisonnements ou de contes ridicules auxquels on n'ajoute foi. Je ne citerai qu'un exemple, tiré de la relation du Tunquin, par Marini, Romain. « On « vouloit, dit cet auteur, donner une re- « ligion aux Tunquinois; on choisit celle « du philosophe Rama, nommé Thic-ca « au Tunquin. Voici l'origine ridicule

porté par le flux et reflux des préjugés tantôt vers la sagesse et tantôt vers la folie, raisonnable ou fou par hasard,

« qu'on lui donne et qu'ils croient :
« Un jour la mere du dieu Thic-ca vit en
« songe un élpéhant blanc qui s'engen-
« droit mystérieusement dans sa bouche,
« et lui sortoit par le côté gauche. Le
« songe fait, il se réalise, elle accouche
« de Thic-ca. Aussitôt qu'il voit le jour il
« fait mourir sa mere, fait sept pas,
« marquant le ciel avec un doigt, et la
« terre avec l'autre. Il se glorifie d'être
« l'unique saint, tant dans le ciel que sur
« la terre. A dix-sept ans il se marie à
« trois femmes ; à dix-neuf il abandonne
« ses femmes et son fils, se retire sur une
« montagne, où deux démons, nommés
« A-la-la et Ca-la-la, lui servent de maî-
« tres. Il se présente ensuite au peuple,
« en est reçu, non comme docteur, mais
« en qualité de pagode ou d'idole. Il a
« quatre-vingt mille disciples, entre les-

l'esclave de l'opinion est également insensé aux yeux du sage, soit qu'il soutienne une vérité, soit qu'il avance

« quels il en choisit cinq cents, nombre
« qu'il réduit ensuite à cent, puis à dix,
« qui sont appelés les dix grands. Voilà
« ce qu'on raconte aux Tunquinois, et
« ce qu'ils croient, quoiqu'avertis par
« une tradition sourde que ces dix grands
« étoient ses amis, ses confidents, et les
« seuls qu'il ne trompât point; qu'après
« avoir prêché sa doctrine pendant qua-
« rante-neuf ans, se sentant près de sa
« fin, il assembla tous ses disciples, et
« leur dit: *Je vous ai trompés jusqu'à*
« *ce jour; je ne vous ai débité que*
« *des fables : la seule vérité que je*
« *puisse vous enseigner c'est que tout*
« *est sorti du néant, et que tout y*
« *doit rentrer. Je vous conseille ce-*
« *pendant de me garder le secret, de*
« *vous soumettre extérieurement à*
« *ma religion : c'est l'unique moyen*

une erreur. C'est un aveugle qui nomme par hasard la couleur qu'on lui présente.

« *de tenir les peuples dans votre dé-*
« *pendance* ». Cette confession de foi de Thic-ca au lit de la mort est assez généralement sue au Tunquin, et cependant le culte de cet imposteur subsiste, parce-qu'on croit volontiers ce qu'on est dans l'habitude de croire. Quelques subtilités scholastiques, auxquelles la paresse donne toujours force de preuve, ont suffi aux disciples de Thic-ca pour jeter des nuages sur cette confession, et entretenir les Tunquinois dans leur croyance. Ces mêmes disciples ont écrit cinq mille volumes sur la vie et la doctrine de ce Thic-ca. Ils y soutiennent qu'il a fait des miracles ; qu'incontinent après sa naissance il prit quatre-vingt mille fois des formes différentes, et que sa derniere transmigration fut en éléphant blanc : et c'est à cette origine qu'on doit rapporter le respect

On voit donc que ce sont les passions et la haine de l'ennui qui communiquent à l'ame son mouvement, qui l'arrachent à la tendance qu'elle a

qu'on a dans l'Inde pour cet animal. De tous les titres, celui de roi de l'éléphant blanc est le plus estimé des rois; celui de Siam porte le nom de roi de l'éléphant blanc. Les disciples de Thic-ca ajoutent qu'il y a six mondes; qu'on ne meurt dans celui-ci que pour renaître dans un autre; que le juste passe ainsi d'un monde à l'autre; et qu'après cette caravane la roue retourne à son point, et qu'il recommence à renaître en ce monde-ci, d'où il sort, pour la septieme fois, très pur, très parfait; et qu'alors, parvenu au dernier période de l'immutabilité, il se trouve en possession de la qualité de pagode ou d'idole. Ils admettent un paradis et un enfer, dont on se tire, comme dans la plupart des fausses religions, en respectant les bonzes, en leur faisant des

naturellement vers le repos, et qui lui font surmonter cette force d'inertie à laquelle elle est toujours prête à céder.

charités, et en bâtissant des monasteres. Ils racontent, au sujet du démon, qu'il eut un jour dispute avec l'idole du Tunquin pour savoir lequel des deux seroit le maître de la terre. Le démon convint avec l'idole que tout ce qu'elle mettroit sous sa robe lui appartiendroit. L'idole fit faire une robe si grande, qu'elle en couvrit toute la terre ; en sorte que le démon fut obligé de se retirer sur la mer, d'où il revient quelquefois; mais il fuit dès qu'il voit l'enseigne de l'idole.

On ne sait si ces peuples ont eu autrefois quelques notions confuses de notre religion ; mais un des premiers articles de la religion de Thic-ca c'est qu'il est une idole qui sauve les hommes, et qui satisfait pleinement pour leurs péchés; et que, pour mieux compatir aux miseres

Quelque certaine que paroisse cette proposition, comme en morale ainsi qu'en physique c'est toujours sur des faits qu'il faut établir ses opinions, je vais, dans les chapitres suivants, prouver par des exemples que ce sont uniquement les passions fortes qui font exécuter ces actions courageuses

de l'homme, l'idole en avoit pris la nature.

Au rapport de Kolbe, parmi les Hottentots, il en est qui ont la même doctrine, et croient que leur dieu s'est rendu visible à leur nation en prenant la figure du plus beau d'entre eux. Mais la plupart des Hottentots traitent ce dogme de vision, et prétendent que c'est faire jouer à leur dieu un rôle indigne de sa majesté que de le métamorphoser en homme. Au reste ils ne lui rendent aucun culte: ils disent que Dieu est bon, et qu'il ne se soucie pas de nos prieres.

et concevoir ces idées grandes qui sont l'étonnement et l'admiration de tous les siecles.

CHAPITRE VI.

De la puissance des passions.

LES passions sont dans le moral ce que dans le physique est le mouvement : il crée, anéantit, conserve, anime tout ; et sans lui tout est mort. Ce sont elles aussi qui vivifient le monde moral. C'est l'avarice qui guide les vaisseaux à travers les déserts de l'océan ; l'orgueil, qui comble les vallons, applanit les montagnes, s'ouvre des routes à travers les rochers, éleve les pyramides de Memphis, creuse le lac Mœris, et fond le colosse de Rhodes. L'amour tailla, dit-on, le crayon du premier dessinateur. Dans un pays où la révélation n'avoit point pénétré, ce fut encore l'amour qui, pour flatter la douleur d'une veuve éplorée par la mort de son jeune époux, lui découvrit le systême de l'immortalité de l'ame. C'est l'enthousiasme de la reconnoissance qui mit au rang des dieux les bienfaiteurs de l'humanité, qui inventa les fausses religions et les superstitions, qui toutes n'ont pas pris leur source dans des passions aussi nobles que l'amour et la reconnoissance.

C'est donc aux passions fortes qu'on doit l'invention et les merveilles des arts ; elles doivent donc être regardées comme le germe productif de l'esprit, et le ressort puissant qui porte les hommes aux grandes actions. Mais, avant que de passer outre, je dois fixer l'idée que j'attache à ce mot de *passion forte*. Si la plupart des hommes parlent sans s'entendre, c'est à l'obscurité des mots qu'il faut s'en prendre (1); c'est à cette cause qu'on peut attribuer la prolongation du miracle opéré à la tour de Babel.

J'entends par ce mot de *passion forte* une passion dont l'objet soit si

---

(1) Sous le mot *rouge*, par exemple, si l'on comprend depuis l'écarlate jusqu'au couleur de chair, supposons deux hommes dont l'un n'ait jamais vu que de l'écarlate, et l'autre que du couleur de chair : le premier dira avec raison que le rouge est une couleur vive, lorsque l'autre au contraire soutiendra que c'est une couleur tendre. Par la même raison deux hommes peuvent sans s'entendre prononcer le mot de *vouloir*, puisque nous n'avons que ce mot pour exprimer depuis le plus foible degré de volonté jusqu'à cette volonté efficace qui

nécessaire à notre bonheur que la vie nous soit insupportable sans la possession de cet objet. Telle est l'idée qu'Omar se formoit des passions lorsqu'il dit, « Qui que tu sois, qui, « amoureux de la liberté, veux être « riche sans biens, puissant sans su- « jets, sujet sans maître, ose mépri-

triomphe de tous les obstacles. Il en est du mot de *passion* comme de celui d'*esprit*: il change de signification selon ceux qui le prononcent. Un homme regardé comme médiocre dans une société composée de gens de peu d'esprit est sûrement un sot : il n'en est pas ainsi de celui qui passe pour un homme médiocre parmi les gens du premier ordre; le choix de sa société prouve sa supériorité sur les hommes ordinaires. C'est un rhétoricien médiocre, qui seroit le premier dans toute autre classe.

« ser la mort; les rois trembleront
« devant toi; toi seul ne craindras
« personne. »

Ce sont en effet les passions seules qui, portées à ce degré de force, peuvent exécuter les plus grandes actions, et braver les dangers, la douleur, la mort, et le ciel même.

Dicéarque, général de Philippe, éleve, en présence de son armée, deux autels, l'un à l'impiété, l'autre à l'injustice, y sacrifie, et marche contre les Cyclades.

Quelques jours avant l'assassinat de César, l'amour conjugal, uni à la passion d'un noble orgueil, engage Porcie à s'ouvrir la cuisse, à montrer sa blessure à son mari, lui disant:
« Brutus, tu médites et tu me caches
« un grand dessein. Je ne t'ai jusqu'à
« présent fait aucune question in-
« discrete; je savois cependant que

« notre sexe, foible par lui-même,
« se fortifioit par le commerce des
« hommes sages et vertueux ; que
« j'étois fille de Caton et femme de
« Brutus : mais mon amour timide
« m'a fait défier de ma foiblesse. Tu
« vois l'essai de mon courage : juge
« si je suis digne de ton secret,
« maintenant que j'ai fait l'épreuve
« de la douleur. »

C'est la passion de l'honneur et le fanatisme philosophique qui pouvoient seuls, au milieu des supplices, engager la pythagoricienne Timicha à se couper la langue avec les dents, pour ne point s'exposer à révéler les secrets de sa secte.

Lorsqu'accompagné de son gouverneur, Caton, jeune encore, monte au palais de Sylla, et qu'à l'aspect des têtes sanglantes des proscrits il demande le nom du monstre qui avoit

assassiné tant de Romains : « C'est
« Sylla, lui dit-on ». — « Quoi ! Sylla
« les égorge, et Sylla vit encore » ! —
« Le nom seul de Sylla, lui réplique-
« t-on, désarme le bras de nos ci-
« toyens ». — « O Rome, s'écrie alors
« Caton, que ton destin est déplo-
« rable, si, dans la vaste enceinte de
« tes murs, tu ne renfermes pas un
« homme vertueux, et si tu ne peux
« armer contre la tyrannie que le
« bras d'un foible enfant » ! A ces
mots, se tournant vers son gouverneur, « Donne-moi, lui dit-il, ton
« épée ; je la cacherai sous ma robe,
« j'approcherai de Sylla, je l'égor-
« gerai. Caton vit ; Rome est libre
« encore (1). »

(1) C'est ce même Caton qui, retiré à
Utique, répondit à ceux qui le pressoient
de consulter l'oracle de Jupiter Hammon,

En quels climats cet amour vertueux de la patrie n'a-t-il pas exécuté d'actions héroïques ? A la Chine, un empereur, poursuivi par les armes victorieuses d'un citoyen, veut se servir du respect superstitieux qu'en ce pays un fils a pour les ordres de sa mere pour contraindre ce citoyen à désarmer. Député vers cette mere, un officier de l'empereur vient, le poignard à la main, lui dire qu'elle n'a que le choix de mourir, ou d'obéir. « Ton maître, lui répondit-elle

« Laissons les oracles aux femmes, aux
« lâches, et aux ignorants. L'homme de
« courage, indépendant des dieux, sait
« vivre et mourir de lui-même ; il se
« présente également à sa destinée, soit
« qu'il la connoisse, ou qu'il l'ignore. »

César, enlevé par des pirates, conserve son audace, et les menace de la mort, à laquelle il les condamne en abordant.

« avec un souris amer, se seroit-il
« flatté que j'ignore les conventions
« tacites, mais sacrées, qui unissent
« les peuples aux souverains, par les-
« quelles les peuples s'engagent à
« obéir, et les rois à les rendre heu-
« reux ? Il a le premier violé ces con-
« ventions. Lâche exécuteur des or-
« dres d'un tyran, apprends d'une
« femme ce qu'en pareil cas on doit
« à sa patrie ». A ces mots, ar-
rachant le poignard des mains de
l'officier, elle se frappe, et lui dit :
« Esclave, s'il te reste encore quel-
« que vertu, porte à mon fils ce poi-
« gnard sanglant; dis-lui qu'il venge
« sa nation, qu'il punisse le tyran.
« Il n'a plus rien à craindre pour moi,
« plus rien à ménager; il est main-
« tenant libre d'être vertueux (1). »

(1) La passion du devoir animoit pa-

Si le noble orgueil, la passion du patriotisme et de la gloire, déterminent les citoyens à des actions si

reillement la mere d'Abdallah, lorsque son fils, abandonné de ses amis, assiégé dans un château, et pressé d'accepter la capitulation honorable que lui offroient les Syriens, alla consulter sa mere sur le parti qu'il avoit à prendre. Il reçut cette réponse: « Mon fils, lorsque tu « pris les armes contre la maison d'Om- « miah, crus-tu soutenir le parti de la « justice et de la vertu »? — « Oui, lui « répondit-il ». — « Eh bien ! répliqua- « t-elle, qu'y a-t-il à délibérer? Ne sais-tu « pas que se rendre à la crainte est d'un « lâche? Veux-tu être le mépris des Om- « miahs, et qu'on dise qu'ayant à choisir « entre la vie et ton devoir, c'est la vie « que tu as préférée? »

C'est cette même passion de la gloire qui, lorsque l'armée romaine, mal vêtue et transie de froid, alloit se dé-

courageuses, quelle constance et quelle force les passions n'inspirent-elles point à ceux qui veulent s'illustrer

bander, amena au secours de Septime-Sévere le philosophe Antiochus, qui se dépouille devant l'armée, se jette dans un monceau de neige, et ramene par cette action les troupes ébranlées à leur devoir.

Un jour qu'on exhortoit Thraséa à faire quelques soumissions à Néron, « Quoi!
« dit-il, pour prolonger ma vie de quel-
« ques jours je m'abaisserois jusques-là!
« Non La mort est une dette; je veux
« l'acquitter en homme libre, et non la
« payer en esclave. »

Dans un instant d'emportement, où Vespasien menaçoit Helvidius de la mort, il en reçut cette réponse : « Vous ai-je dit
« que je fusse immortel? Vous ferez
« votre métier de tyran en me donnant
« la mort; moi, celui de citoyen en la
« recevant sans trembler. »

dans les sciences et les arts, et que Cicéron nomme des *héros paisibles !* C'est le desir de la gloire qui, sur la cime glacée des Cordelieres, au milieu des neiges, des frimas, incline les lunettes de l'astronome; qui, pour cueillir des plantes, conduit le botaniste sur le bord des précipices; qui jadis guidoit les jeunes amateurs des sciences dans l'Égypte, l'Éthiopie, et jusques dans les Indes, pour y voir les philosophes les plus célebres, et puiser dans leur conversation les principes de leur doctrine.

Quel empire cette même passion n'avoit-elle pas sur Démosthene, qui, pour perfectionner sa prononciation, s'arrêtoit sur le rivage de la mer, où, la bouche remplie de cailloux, il haranguoit tous les jours les flots mutinés ! C'est ce même desir de la gloire qui, pour faire contracter aux jeunes pythagoriciens l'habitude du recueillement et de la méditation, leur imposoit un silence de trois ans; qui, pour soustraire Démocrite (1) aux distractions du monde, le renfermoit dans des tombeaux pour y chercher de ces vérités précises dont la découverte, toujours si difficile, est toujours si peu estimée des hommes; c'est par elle enfin que, pour se donner tout entier à la philosophie, Héraclite se détermine à céder à son frere cadet le trône d'Éphese (2), où l'appeloit le

(1) Démocrite étoit né riche; mais il ne se crut pas en droit de mépriser l'esprit, et de vivre dans une honorable stupidité.

(2) Mison, fils du tyran de Chenes, renonça pareillement au sceptre de son pere; et, libre de toute charge, il se retiroit dans des lieux escarpés et soli-

droit d'aînesse ; que, pour conserver toutes ses forces, l'athlete se prive des plaisirs de l'amour. C'est elle encore qui forçoit certains prêtres des anciens, dans l'espoir de se rendre plus recommandables, à renoncer à ces mêmes plaisirs, sans avoir souvent, comme disoit plaisamment Boindin, d'autre récompense de leur continence que la tentation perpétuelle qu'elle procure.

J'ai fait voir que c'est aux passions que nous devons sur la terre presque tous les objets de notre admiration; qu'elles nous font braver les dangers, la douleur, la mort, et nous portent aux résolutions les plus hardies.

Je vais prouver maintenant que,

taires, où, sans jamais parler à personne, il se nourrissoit de réflexions profondes.

dans les occasions délicates, ce sont elles seules qui, volant au secours des grands hommes, peuvent leur inspirer ce qu'il y a de mieux à dire et à faire.

Qu'on se rappelle à ce sujet la célebre et courte harangue d'Annibal à ses soldats le jour de la bataille du Tesin; et l'on sentira que sa haine pour les Romains et sa passion pour la gloire pouvoient seules la lui inspirer. « Compagnons, leur dit-il, le
« ciel m'annonce la victoire. C'est
« aux Romains, non à vous, de
« trembler. Jetez les yeux sur ce
« champ de bataille; nulle retraite
« ici pour les lâches : nous péris-
« sons tous si nous sommes vaincus.
« Quel gage plus certain du triom-
« phe? Quel signe plus sensible de la
« protection des dieux? ils nous ont
« placés entre la victoire et la mort. »

Qui peut douter que ces mêmes passions n'animassent Sylla, lorsque, Crassus lui ayant demandé une escorte pour aller faire de nouvelles levées dans le pays des Marses, Sylla lui répond: « Si tu crains tes enne-
« mis, reçois de moi pour escorte
« ton pere, tes freres, tes parents,
« tes amis, qui, massacrés par les
« tyrans, crient vengeance, et l'at-
« tendent de toi ? »

Lorsque les Macédoniens, las des fatigues de la guerre, prient Alexandre de les licencier, c'est l'orgueil et l'amour de la gloire qui dictent à ce héros cette fiere réponse: « Al-
« lez, ingrats; fuyez, lâches; je dom-
« terai l'univers sans vous. Alexan-
« dre trouvera des sujets et des sol-
« dats par-tout où il y aura des
« hommes. »

De semblables discours sont toujours prononcés par des gens passionnés. L'esprit même en pareil cas ne peut jamais suppléer au sentiment. On ignore toujours la langue des passions qu'on n'éprouve pas.

Au reste ce n'est pas dans un art tel que l'éloquence, c'est en tout genre, que les passions doivent être regardées comme le germe productif de l'esprit : ce sont elles qui, entretenant une perpétuelle fermentation dans nos idées, fécondent en nous ces mêmes idées, qui, stériles dans des ames froides, seroient semblables à la semence jetée sur la pierre.

Ce sont les passions qui, fixant fortement notre attention sur l'objet de nos desirs, nous le font considérer sous des aspects inconnus aux autres hommes, et qui font en conséquence concevoir et exécuter aux héros ces entreprises hardies qui, jusqu'à ce que la réussite en ait prouvé la sagesse, paroissent folles, et doivent réellement paroître telles à la multitude.

Voilà pourquoi, dit le cardinal de Richelieu, l'ame foible trouve de l'impossibilité dans le projet le plus simple, lorsque le plus grand paroît facile à l'ame forte: devant celle-ci les montagnes s'abaissent, lorsqu'aux yeux de celle-là les buttes se métamorphosent en montagnes.

Ce sont en effet les fortes passions qui, plus éclairées que le bon sens, peuvent seules nous apprendre à distinguer l'extraordinaire de l'impossible, que les gens sensés confondent presque toujours ensemble, parceque, n'étant point animés de passions fortes, ces gens sensés ne sont jamais que des hommes médiocres: proposition que je vais prouver, pour faire sentir toute la supériorité de l'homme passionné sur les autres hommes, et montrer qu'il n'y a réellement que les grandes passions qui puissent enfanter les grands hommes.

FIN DU TOME TROISIEME.

www.ingramcontent.com/pod-product-compliance
Lightning Source LLC
Chambersburg PA
CBHW050648170426
43200CB00008B/1209